_____ 초등학교

_____ 학년 _____ 반

이름 _____

뿌듯해콘텐츠연구소

좋은 콘텐츠를 만들기 위해 교사와 기획자가 모였어요.
우리 친구들과 매일 만나고 싶어서 '뿌듯해' 시리즈를 만들었지요.
이 시리즈를 만드는 동안 책에 코 박고 뭔가에 몰두하는 친구들이 떠올라 행복했어요.
첫날 부담 없이 시작했는데, 어느새 마지막 장을 넘기게 되는 〈뿌듯해〉 시리즈.
하루 10분, 꾸준하게 실천하면 자신감이 쑥쑥 샘솟을 거예요.

◆ 〈뿌듯해〉 시리즈는 디자인과 상표권 특허가 등록되어 있습니다.
◆ 이 책에 실린 모든 내용은 허락 없이 복제할 수 없습니다.

《뿌듯해 사자소학》
매일 낭독 매일 쓰기
어휘력과 바른 인성을 키우는 4주 집중 코스!

초판 1쇄 인쇄 2022년 3월 10일
초판 1쇄 발행 2022년 3월 14일

지은이 • 뿌듯해콘텐츠연구소
발행인 • 강혜진
발행처 • 진서원
등록 • 제2012-000384호 2012년 12월 4일
주소 • 서울시 마포구 합정동 433-24 진서원빌딩 3층
대표전화 • (02)3143-6353 | 팩스 • (02)3143-6354
홈페이지 • www.jinswon.co.kr | 이메일 • service@jinswon.co.kr

기획편집부 • 한주원, 최고은 | 표지 및 내지 디자인 • 디박스
일러스트 • Getty Images Bank | 종이 • 다올페이퍼 | 인쇄 • 교보피앤비 | 마케팅 • 강성우

ISBN 979-11-86647-66-0 74710
진서원 도서번호 21016
값 9,000원

어휘력과 바른 인성을 키우는 4주 집중 코스!

뿌듯해콘텐츠연구소 지음

뿌듯해
양육자님께

예절, 양심, 생활 습관 등 어린이의 인성을 기르는 기본 교육 《사자소학》

조선 시대 어린이들이 다니던 학교를 '서당'이라고 해요. 《사자소학(四字小學)》은 서당에서 《천자문(千字文)》과 함께 아이들을 가르치기 위해 쓰던 책이었어요.

《사자소학》은 중국 송나라의 유학자 주희가 아이들에게 유학을 가르치기 위해 쓴 《소학(小學)》을 바탕으로 했지만, 《소학》의 내용을 더 알기 쉽게 풀어 쓰고, 옛 성현들의 지혜로운 말씀까지 추가로 넣어 한데 엮었답니다. 또 외우기 쉽게 내용을 네 글자로 구성해서 10살 전의 어린아이를 위한 기초 교육 교재로 널리 사용했어요.

이 책은 부모님과 형제자매, 친구 등 주변 사람들과 지낼 때 필요한 예절, 사람으로서 마땅히 가져야 할 양심과 바른 도리, 자기 자신을 바르고 건강하게 가꾸는 방법 등 기본적인 도덕과 생활 습관에 대한 내용을 담고 있어요.

오늘날에 어린이에게 맞게 쓴 《사자소학》

《사자소학》의 어떤 내용은 오늘날 현실에 맞지 않다고 하는 사람들도 있지만, 이 책이 담은 의미와 정신만큼은 시대가 변해도 절대 변하지 않는 가치를 지니고 있답니다. 《뿌듯해 사자소학》에서는 오늘날에도 적용하기 좋은 바른 마음과 생활 태도의 내용들을 추려 넣고, 의미도 현대적으로 다시 풀어냈어요.

매일매일 우리 친구들이 낭독하고, 따라 쓰고, 뜻을 되새기면 풍부한 어휘 공부가 되는 것은 물론 훌륭한 인성을 갖고 건강한 마음을 수련하는 데 큰 도움이 될 거예요.

낭독 영상 듣다 보면 어휘도 늘고 마음 수련도 되고 1석 2조!

옛날 서당식 교육처럼 입으로 외우며 배우듯 낭독 영상을 준비했어요. 이 교재를 공부할 때나 잠들기 전에도 낭독 영상을 꾸준히 들어봐요. 《사자소학》을 외우며 한자와 국어 어휘가 느는 것은 물론, 바른 생각을 갖게 되고 마음이 편안해지는 수련 효과도 생길 거예요.

뿌듯해콘텐츠연구소

《뿌듯해 사자소학》
하루 10분, 이렇게 쓰면 뿌듯해져요!

반복할수록 자신감이 붙는 '뿌듯해 사자소학'. '하루 10분, 3단계 쓰기'를 따라 하면 어렵지 않을 거예요.

1 오늘 쓸 내용을 낭독 영상으로 들어요.

→

2 한자와 뜻을 또박또박 따라 써요.

→

3 내가 직접 낭독하고 뿌듯해 스티커를 붙여요.

《뿌듯해 사자소학》 인증샷 도전!

진서원 뿌듯해 카페(cafe.naver.com/jinswonppddhh)에서는 '뿌듯해 사자소학 낭독과 쓰기 인증샷' 이벤트가 진행됩니다. 사자소학을 또박또박 예쁘게 쓰고 낭독하는 사진이나 영상을 찍어서 올려 주세요. 매주/매월 우수작을 선정해서 다양한 선물을 드립니다.

이렇게 올리면 우수작 당선!

☐ 책에 또박또박 예쁜 글씨로 쓰면 당선 확률 UP!
☐ 예쁜 목소리로 낭독하는 영상 올리면 당선 확률 UP!
☐ 사자소학 내용을 어떻게 실천했는지까지 쓰면 최고!

사자소학 구성
한눈에 보기

《사자소학》은 한자 4글자씩 8글자가 1구로 이루어져 있어요.
총 160구 가운데에서 이 책에서는 오늘날에도 중요하게 읽을 수 있는 60구를 추렸어요.
그럼, 어떻게 구성되어 있는지 살펴볼까요?

한자는 쓰는 모양인 '형태', 읽을 때 소리 나는 '음', 글자에 담긴 '뜻'으로 구성되어 있어요.
음은 외워서 낭독하고, 뜻을 알면 4글자를 풀어서 문장으로 이해할 수 있어요.

의미: 한자에 담긴 뜻이에요.

소리: 한자를 읽는 소리인 음이에요.

형태: 한자를 쓰는 모양인 형태예요.

해석: 한자의 뜻을 보고 풀어서 문장으로 써요.

父 아버지 부 — 아버지는
生 날 생 — 낳아 주셨어요.
我 나 아 — 내
身 몸 신 — 몸을

母 어머니 모 — 어머니는
鞠 기를 국 — 기르셨어요.
吾 나 오 — 내
身 몸 신 — 몸을

《사자소학》은 4글자씩 8글자가 1구로 이루어져 있어요.

한자는 우리말과 어순이 달라요. 어순이 영어와 같으니 참고해서 해석해요.

한자를 해석할 때는 상상력도 필요해요.
한 글자 한 글자의 뜻을 안 다음에, 앞뒤의 의미를 보고 해석하기 때문이지요.

이 글자가 들어가면
이렇게 해석해요

《사자소학》을 공부하다 보면 한자의 뜻만 보고 4글자를 해석하기 어려울 때도 있어요.
아래와 같은 글자가 들어가면 서술문, 의문문, 부정문, 명령문이 돼요. 미리 알아 두면 공부하기 편할 거예요.

서술문

어조사 어(於)처럼 어조사는 특별한 뜻이 없는 글자로, 다른 글자를 보조해요. '~에, ~에서'라는 뜻을 나타내요.

比	之	於	木
비유할 비	이것 지	어조사 어	나무 목

이것을 나무에 비유해요.

의문문

어찌 갈(曷) 등이 들어가면 물어보는 문장이 돼요.

曷	不	爲	孝
어찌 갈	아닐 불	할 위	효도 효

어찌 효도하지 않을 수 있을까요?

부정문

아닐 불(不) 등이 들어가면 부정문이 돼요.

父	母	不	安
아버지 부	어머니 모	아닐 불	편안할 안

부모님이 편안하지 않아요(불안해요).

명령문

말 물(勿)이 들어가면 '~하지 말라'는 명령의 문장이 돼요.

行	勿	慢	步
걸을 행	말 물	거만할 만	걸을 보

걸을 때는 거만하게 걷지 말아요.

유튜브 낭독 영상 활용법 HOHO

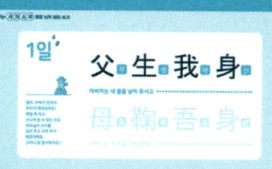

이 책에 나오는 《사자소학》을 낭독 영상으로 유튜브에 올려 두었어요.
하루 분량을 시작하기 전, 낭독 영상을 먼저 들어요.
오늘의 《사자소학》을 잘 쓴 다음에는, 낭독 영상을 다시 듣고 따라 하며 마무리해요. 잠들기 전이나 평소에도 자주 틀어 놓고 들으면 집중력이 높아지고 마음이 편안해지는 효과가 있을 거예요.

> '뿌듯해 사자소학' 낭독과 쓰기 하고 '뿌듯해' 스티커를 붙이면?

30일 후 사자소학 낭독과 쓰기 완성!

하루에 사자소학 연습 4쪽, 스티커 2개!

'뿌듯해 사자소학' 낭독과 쓰기 30일 과정을 끝내고 스티커 60개를 모두 붙였나요? 그렇다면 맨 뒤에 있는 표창장을 받을 자격이 있답니다

스티커 붙이는 곳

1장

1일	부생아신 모국오신 이의온아 이식포아
2일	위인자자 갈불위효 신필선기 필관필수
3일	출필고지 반필면지 신물원유 유필유방
4일	행물만보 좌물의신 신체발부 물훼물상
5일	의복대화 물실물렬 부모애지 희이물망
6일	부모책지 반성물원 물여인투 부모불안
7일	실당유진 상필쇄소 비유선조 아신갈생

스티커 붙이는 곳

2장

8일	형제자매 동기이생 형우제공 불감원노
9일	비지어목 동근이지 비지어수 동원이류
10일	형제이이 행즉안항 형무의복 제필헌지
11일	제무음식 형필여지 일배지수 필분이음
12일	일립지식 필분이식 형제유선 필예우외
13일	형제유실 은이물양 아유환락 형제역락

<뿌듯해 사자소학> 특장점 3가지

1 10분 안에 끝! 부담감이 없다!

2 하루 사자소학 4쪽, 스티커 2개! 성취감 **100**배 급상승!

3 매주 '뿌듯해 인증샷' 도전! 게임하듯 승부욕 뿜뿜!

스티커 붙이는 곳   스티커 붙이는 곳

장	일	내용		일	내용
3장	14일	숙흥야매 물라독서 서책낭자 매필정돈		22일	성용필정 두용필직 기용필숙 립용필덕
	15일	능지능행 총시사공 장자자유 유자경장		23일	색용필장 시왈구용 시필사명 청필사총
	16일	아경인친 인경아친 빈객래방 접대필성		24일	색필사온 모필사공 언필사충 사필사경
	17일	인지재세 불가무우 우기정인 아역자정		25일	의필사문 분필사난 견득사의 시왈구사
	18일	근묵자흑 근주자적 거필택린 취필유덕		26일	비례물시 비례물청 비례물언 비례물동
	19일	붕우유과 충고선도 인무책우 이함불의		27일	행필정직 언즉신실 용모단정 의관정제
	20일	언이불신 비직지우 견선종지 지과필개		28일	거처필공 보리안상 작사모시 출언고행
				29일	상덕고지 연낙중응 음식신절 언어공손
4장	21일	족용필중 수용필공 목용필단 구용필지		30일	덕업상권 과실상규 기소불욕 물시어인

사자소학 쓰고 오늘의 다짐도 하고, 1석 2조!

매일 배운 사자소학과 관련해서 바른 마음과 기분 좋은 다짐을 되새겨요.

오늘의 다짐

가족 상장 주기	66	
가족 품앗이하기	56	
가족사진 자주 찍기	48	
가족에게 사랑 표현하기	18	
가족에게 외투 입혀 주기	58	
가족이 좋아하는 음식 기억하기	60	
가족이 함께 요리하기	64	
감사하다고 말하기	20	
건강하고 즐겁게 지내기	22	
계획표 만들어 공부하기	134	
고운 말 쓰기	126	
공공장소 예절 지키기	132	
귀가 시간 알리기	26	
긍정적으로 생각하기	118	
나쁜 행동은 따라 하지 않기	92	
나와의 약속 지키기	128	
남의 물건도 소중히 여기기	142	
내 의견 정확히 말하기	80	
내 장점 찾기	70	
다른 사람의 이야기 잘 듣기	106	
다양한 친구 만나기	90	
매일 일기 쓰기	114	
매일 체조하기	110	
모르는 것은 물어보기	78	
몸에 좋은 음식 먹기	32	
물 자주 마시기	62	
밝게 웃기	112	
봉사 활동하기	140	
비밀 지켜 주기	86	
사람들의 좋은 점 배우기	88	
사람들이 많은 큰길로 다니기	28	
서로의 말 들어주기	68	
손 잘 씻고 로션 바르기	104	
손님에게 예절 갖추기	84	
신발 예쁘게 신기	130	
실수에서 배우기	100	
싫을 때는 싫다고 하기	136	
아는 것도 다시 보기	116	
양심에 따라 행동하기	122	
어른에게 도와달라고 말하기	94	
예술 작품 감상하기	124	
옷을 잘 개어 두거나 걸기	34	
우리 가족 칭찬하기	36	
우리 역사 공부하기	44	
음식 꼭꼭 씹어서 먹기	138	
인사 잘하기	82	
자고 나면 이불 정리하기	24	
잘못했을 때는 사과하기	38	
장래 희망 생각하기	54	
진실로 이야기하기	98	
책 달력 만들기	74	
책 정리하기	76	
책상 정리하기	42	
친구가 없는 데서 흉보지 않기	96	
한 시간에 한 번씩은 움직이기	30	
행동의 결과 생각하기	120	
형제자매에게 양보하기	50	
형제자매의 다른 점 존중하기	52	
화가 날 때 먼저 10초 세기	40	
화날 때는 기다렸다 말하기	108	

사자소학 쓰고 꼬막 상식도 쌓고, 1석 2조!

사자소학 속의 단어나 주제와 관련된 신기하고 재미있는 상식을 쌓아요.

꼬막 상식

같은 한자를 왜 다르게 읽을까? 57	손님은 왕이라는 말 85	의자에 바르게 앉는 방법 31
고래를 춤추게 하는 것 67	수원은 무슨 뜻? 55	자연의 한자 뜻? 137
공자 왈 맹자 왈 113	스승의 날이 5월 15일인 이유 79	제사와 차례의 다른 점 45
귀가 크면 소리가 잘 들릴까? 115	실수와 관련된 속담 101	조선 시대의 효자비 23
긴급 전화번호 29	아빠가 어떻게 나를 낳았죠? 19	책 읽기 휴가 75
나갈 출을 사용하는 단어 27	애지중지는 무슨 뜻? 37	친구 따라 강남 간다 89
나무도 늙을까? 53	어른도 반성문을 쓸까? 39	친구와 관련된 고사성어 95
눈이 좋아지는 방법 107	어린이는 손톱이 빨리 자란다 105	친구와 관련된 또 다른 고사성어 97
돈으로 살 수 없는 것 123	어린이라는 말 81	칼로리 계산 139
또 다른 세계적인 형제 위인 71	어버이날에 카네이션을 주는 이유 83	포만감은 무슨 뜻? 21
말과 관련된 속담 119	얼굴은 왜 빨개질까? 117	함무라비 법전 143
물을 안 마셔도 살 수 있을까? 63	여당은 무슨 뜻? 41	행동보다 말이 쉽다는 속담 135
바르게 걷고 있을까? 133	옛이야기와 권선징악 121	헌사가 뭘까? 59
바르게 양치질하는 방법 25	옷과 신발을 오래 입고 신는 방법 35	호형호제는 무슨 뜻? 49
발음이 좋아지는 연습 109	왜 가격을 권장할까? 141	
복식 호흡 배우기 111	왜 물을 뿌리고 청소할까? 43	
분수는 무슨 뜻? 65	왜 성실해야 할까? 129	
사람이 거짓말하는 횟수 99	욕하는 게 왜 나쁠까? 127	
살 거를 사용하는 단어 93	우리 역사 속 유명한 친구 87	
상처가 나서 피가 날 때 처치법 33	유유상종이라는 사자성어 91	
세계적인 형제 위인 69	음식을 기부하는 사람들 61	
세상에서 가장 아름다운 풍경 125	《의좋은 형제》라는 동화 51	
세종 대왕은 독서 왕! 77	의관이 뭘까? 131	

1장 낭독 영상

···

부모님은 여러분이 어른이 될 때까지
가장 의지하고 가깝게 지내는 소중한 분들이에요.
그런 부모님께 어떤 마음을 가질까요?
그 마음을 어떻게 표현하면 좋을까요?
이번 장에서 함께 배워 봐요.

1. 오늘 쓸 내용을 낭독 영상으로 들어요.
2. 한자와 뜻을 또박또박 따라 써요.
3. 내가 직접 낭독하고 뿌듯해 스티커를 붙여요.

사자소학

1장

부모님을 섬기는 행동 편

1~7일 차

년　월　일

1일

父 부 生 생 我 아 身 신

아버지는 내 몸을 낳아 주시고

母 모 鞠 국 吾 오 身 신

어머니는 내 몸을 기르셨어요.

엄마, 아빠가 있어서 우리가 태어났어요! 매일 푹 자고, 신나게 놀 수 있는 것도 부모님이 우리를 길러 주고 지켜 주기 때문이에요. 그러니 참 감사하지요?

**한자와 뜻
알고 쓰기**

父	生	我	身
아버지 부	날 생	나 아	몸 신
母	鞠	吾	身
어머니 모	기를 국	나 오	몸 신

父	生	我	身
아버지 부	날 생	나 아	몸 신
母	鞠	吾	身
어머니 모	기를 국	나 오	몸 신

오늘 다짐

가족에게 사랑 표현하기

가족끼리 의견이 다르거나, 화를 낼 때도 있어요. 그래도 마음속으로는 늘 아끼고 사랑하지요. 그 마음을 말과 행동으로 표현해 봐요.

유튜브 낭독을 듣고 따라 읽으며 써요.

소리 내어 따라 쓰기

| 부 | 생 | 아 | 신 |
아버지는 내 몸을 낳아 주시고

| 모 | 국 | 오 | 신 |
어머니는 내 몸을 기르셨어요.

| 부 | 생 | 아 | 신 |
아버지는 내 몸을 낳아 주시고

| 모 | 국 | 오 | 신 |
어머니는 내 몸을 기르셨어요.

| 부 | 생 | 아 | 신 |
아버지는 내 몸을 낳아 주시고

| 모 | 국 | 오 | 신 |
어머니는 내 몸을 기르셨어요.

외워서 혼자 쓰기

아버지는 내 몸을 낳아 주시고

어머니는 내 몸을 기르셨어요.

아버지는 내 몸을 낳아 주시고

어머니는 내 몸을 기르셨어요.

아버지는 내 몸을 낳아 주시고

어머니는 내 몸을 기르셨어요.

빈칸 채워 쓰며 마무리

| | 생 | 아 | 신 |
☐☐ 는 내 몸을 낳아 주시고

| | 국 | 오 | |
☐☐ 는 내 ☐ 을 기르셨어요.

꼬막 상식

아빠가 어떻게 나를 낳았죠?
엄마 배에서 여러분이 태어났으니 엄마가 낳아 주셨다고 생각되지만, 여러분이 처음 생기게 된 것은 아빠의 정자와 엄마의 난자가 만나서예요. 그러니까 아빠도 여러분을 만들어 낳아 주신 게 맞아요.

1일

以이 衣의 溫온 我아
옷으로 나를 따뜻하게 해 주시고

以이 食식 飽포 我아
밥으로 나를 배부르게 하셨어요.

엄마, 아빠는 우리가 행복하게 자랄 수 있도록 필요한 옷과 학용품 등을 마련해 주세요. 우리가 건강하게 자랄 수 있게 매일 밥을 준비해 주시고, 맛있는 간식도 사 주시지요.

한자와 뜻 알고 쓰기

| 以 써 이 | 衣 옷 의 | 溫 따뜻할 온 | 我 나 아 |
| 以 써 이 | 食 밥 식 | 飽 배부를 포 | 我 나 아 |

| 以 써 이 | 衣 옷 의 | 溫 따뜻할 온 | 我 나 아 |
| 以 써 이 | 食 밥 식 | 飽 배부를 포 | 我 나 아 |

오늘의 다짐

감사하다고 말하기
매일 먹는 밥, 매일 입는 옷 등 너무 당연하다고 여겨서 고마움을 느끼지 못할 때가 많아요. 내가 배고프지 않게, 춥지 않게 해 주는 모든 물건과 사람들에게 감사하다고 인사해요.

소리 내어 따라 쓰기

| 이 | 의 | 온 | 아 | | 이 | 식 | 포 | 아 |

옷으로 나를 따뜻하게 해 주시고   밥으로 나를 배부르게 하셨어요.

| 이 | 의 | 온 | 아 | | 이 | 식 | 포 | 아 |

옷으로 나를 따뜻하게 해 주시고   밥으로 나를 배부르게 하셨어요.

| 이 | 의 | 온 | 아 | | 이 | 식 | 포 | 아 |

옷으로 나를 따뜻하게 해 주시고   밥으로 나를 배부르게 하셨어요.

외워서 혼자 쓰기

옷으로 나를 따뜻하게 해 주시고   밥으로 나를 배부르게 하셨어요.

옷으로 나를 따뜻하게 해 주시고   밥으로 나를 배부르게 하셨어요.

옷으로 나를 따뜻하게 해 주시고   밥으로 나를 배부르게 하셨어요.

빈칸 채워 쓰며 마무리

| 이 | | 온 | 아 | | 이 | | 포 | 아 |

___으로 나를 따뜻하게 해 주시고   ___으로 나를 배부르게 하셨어요.

 꼬 막 상 식

포만감은 무슨 뜻?
여기서 '포' 한자 飽(포)로 배부르다는 뜻이에요. 넘치도록 가득 찬 느낌을 말해요. 음식을 먹고 배가 부를 때 포만감을 느낀다고 하지요.

년 월 일

2일

앞에서 본 것처럼 우리를 낳아 주시고 키워 주시는 부모님에게 감사할 일이 참 많지요? 그러니까 여러분도 그 감사함을 부모님에게 보답하고 싶은 마음이 들 거예요.

爲위 人인 子자 者자

사람의 자식인 자가 ......

曷갈 不불 爲위 孝효

어찌 효도하지 않을 수 있을까요? ......

한자와 뜻
알고 쓰기

| 爲 | 人 | 子 | 者 |
| 할 위 | 사람 인 | 자식 자 | 사람 자 |

| 曷 | 不 | 爲 | 孝 |
| 어찌 갈 | 아닐 불 | 할 위 | 효도 효 |

| 爲 | 人 | 子 | 者 |
| 할 위 | 사람 인 | 자식 자 | 사람 자 |

| 曷 | 不 | 爲 | 孝 |
| 어찌 갈 | 아닐 불 | 할 위 | 효도 효 |

오늘의 다짐

건강하고 즐겁게 지내기
엄마, 아빠가 가장 바라는 건 여러분이 항상 건강하고 행복한 거예요. 그래서 가장 큰 효도는 여러분이 매일 건강하고 즐겁게, 행복하게 지내는 거랍니다.

유튜브 낭독을 듣고 따라 읽으며 써요.

소리 내어 따라 쓰기

사람의 자식인 자가 어찌 효도하지 않을 수 있을까요?

사람의 자식인 자가 어찌 효도하지 않을 수 있을까요?

사람의 자식인 자가 어찌 효도하지 않을 수 있을까요?

외워서 혼자 쓰기

사람의 자식인 자가 어찌 효도하지 않을 수 있을까요?

사람의 자식인 자가 어찌 효도하지 않을 수 있을까요?

사람의 자식인 자가 어찌 효도하지 않을 수 있을까요?

빈칸 채워 쓰며 마무리

□ 의 자식인 자가   어찌 □ 하지 않을 수 있을까요?

 꼬막 상식

조선 시대의 효자비

조선 시대에는 부모님을 극진하게 모신 자식들이 있으면 동네에 비석을 세워 주셨어요. 부모님께 이렇게 효도하라고 여러 사람들에게 모범으로 보여 주기 위해서였어요. 전국에 있는 효자비 중에는 오늘날 문화재로 지정된 게 많아요.

2일

밤에 일찍 자고 아침에 일찍 일어나는 게 기분이 상쾌하고 건강에도 좋아요. 또 일어나면 양치질과 세수를 해서 깨끗하게 나를 꾸며요.

晨 신 必 필 先 선 起 기

새벽에는 반드시 먼저 일어나 ········

必 필 盥 관 必 필 漱 수

반드시 세수하고 반드시 양치질해요. ········

한자와 뜻
알고 쓰기

| 晨 새벽 신 | 必 반드시 필 | 先 먼저 선 | 起 일어날 기 |
| 必 반드시 필 | 盥 대야 관 | 必 반드시 필 | 漱 양치질할 수 |

| 晨 새벽 신 | 必 반드시 필 | 先 먼저 선 | 起 일어날 기 |
| 必 반드시 필 | 盥 대야 관 | 必 반드시 필 | 漱 양치질할 수 |

오늘 다짐

자고 나면 이불 정리하기
아침에 일어나면 내가 자고 났던 이불은 말끔하게 정리해 봐요. 밤이 되어 다시 잠들 때 깔끔한 이불을 덮을 수 있어 기분이 좋을 거예요.

유튜브 낭독을 듣고 따라 읽으며 써요.

소리 내어 따라 쓰기

| 신 | 필 | 선 | 기 |

새벽에는 반드시 먼저 일어나

| 필 | 관 | 필 | 수 |

반드시 세수하고 반드시 양치질해요.

| 신 | 필 | 선 | 기 |

새벽에는 반드시 먼저 일어나

| 필 | 관 | 필 | 수 |

반드시 세수하고 반드시 양치질해요.

| 신 | 필 | 선 | 기 |

새벽에는 반드시 먼저 일어나

| 필 | 관 | 필 | 수 |

반드시 세수하고 반드시 양치질해요.

외워서 혼자 쓰기

새벽에는 반드시 먼저 일어나

반드시 세수하고 반드시 양치질해요.

새벽에는 반드시 먼저 일어나

반드시 세수하고 반드시 양치질해요.

새벽에는 반드시 먼저 일어나

반드시 세수하고 반드시 양치질해요.

빈칸 채워 쓰며 마무리

| 신 | 필 | 선 |

새벽에는 반드시 먼저 ___

| 필 | | 필 |

반드시 ___ 하고 반드시 ___ 해요.

꼬막 상식

바르게 양치질하는 방법

음식을 먹고 나면 3분 이내에 양치질하는 게 좋아요. 하지만 산성 물질이 많이 들어 있는 탄산음료를 마시고 난 다음에는 30분 뒤에 양치질해야 이가 덜 손상돼요. 이 사이에 낀 음식물을 잘 빼기 위해 치실을 함께 쓰는 것도 좋은 습관이에요.

3일

학원에 가거나 친구를 만나러 집에서 나갈 때는 부모님이 걱정하시지 않게 꼭 말씀드려요. 또 집에 돌아왔을 때도 잘 다녀왔다고 말씀드리는 게 좋겠지요?

出 출 必 필 告 고 之 지
나갈 때는 반드시 알리고

反 반 必 필 面 면 之 지
돌아오면 반드시 뵈어요.

한자와 뜻 알고 쓰기

| 出 나갈 출 | 必 반드시 필 | 告 알릴 고 | 之 갈 지 |
| 反 돌아올 반 | 必 반드시 필 | 面 대면할 면 | 之 갈 지 |

| 出 나갈 출 | 必 반드시 필 | 告 알릴 고 | 之 갈 지 |
| 反 돌아올 반 | 必 반드시 필 | 面 대면할 면 | 之 갈 지 |

오늘의 다짐

귀가 시간 알리기

밖에 나갈 때는 언제 돌아올지 시간을 미리 알리는 것도 좋아요. 어쩔 수 없이 시간을 지키지 못하는 경우라면 그것도 미리 알려야 부모님이 걱정하거나 기다리지 않을 거예요.

유튜브 낭독을 듣고 따라 읽으며 써요.

소리 내어 따라 쓰기

출 필 고 지
나갈 때는 반드시 알리고

반 필 면 지
돌아오면 반드시 뵈어요.

출 필 고 지
나갈 때는 반드시 알리고

반 필 면 지
돌아오면 반드시 뵈어요.

출 필 고 지
나갈 때는 반드시 알리고

반 필 면 지
돌아오면 반드시 뵈어요.

외워서 혼자 쓰기

나갈 때는 반드시 알리고

돌아오면 반드시 뵈어요.

나갈 때는 반드시 알리고

돌아오면 반드시 뵈어요.

나갈 때는 반드시 알리고

돌아오면 반드시 뵈어요.

빈칸 채워 쓰며 마무리

필 고 지   필 면 지

☐☐☐ 때는 반드시 알리고   ☐☐☐ 반드시 뵈어요.

꼬막 상식

나갈 출(出)을 사용하는 단어
한 곳에서 다른 곳으로 간다는 뜻인 '출발', 나갈 수 있는 통로를 뜻하는 '출구', 집에서 나간다는 뜻인 '출가', 말이나 글 등이 처음 나온 근거라는 뜻인 '출처' 등이 있어요.

3일

愼신 勿물 遠원 遊유
부디 먼 곳에 가서 놀지 말고

遊유 必필 有유 方방
놀아도 반드시 일정한 곳에 있어요.

길을 잃거나 위험한 일이 생기지 않게 낯선 장소나 너무 먼 곳, 밤늦게는 혼자 다니지 않도록 해요. 사람들이 많고 안전한 곳에 있어야 나를 지킬 수 있어요.

한자와 뜻 알고 쓰기

| 愼 부디 신 | 勿 말 물 | 遠 먼곳 원 | 遊 놀 유 |
| 遊 놀 유 | 必 반드시 필 | 有 있을 유 | 方 곳, 장소 방 |

| 愼 부디 신 | 勿 말 물 | 遠 먼곳 원 | 遊 놀 유 |
| 遊 놀 유 | 必 반드시 필 | 有 있을 유 | 方 곳, 장소 방 |

오늘의 다짐

사람들이 많은 큰길로 다니기
혼자 밖에 나갈 때는 사람들이 많이 다니는 길, 큰길로 다녀요. 갑자기 무슨 일이 생겨도 도움을 받을 수 있어서 안전하기 때문이에요.

유튜브 낭독을 듣고 따라 읽으며 써요.

소리 내어 따라 쓰기

| 신 | 물 | 원 | 유 | | 유 | 필 | 유 | 방 |

부디 먼 곳에 가서 놀지 말고   놀아도 반드시 일정한 곳에 있어요.

| 신 | 물 | 원 | 유 | | 유 | 필 | 유 | 방 |

부디 먼 곳에 가서 놀지 말고   놀아도 반드시 일정한 곳에 있어요.

| 신 | 물 | 원 | 유 | | 유 | 필 | 유 | 방 |

부디 먼 곳에 가서 놀지 말고   놀아도 반드시 일정한 곳에 있어요.

외워서 혼자 쓰기

부디 먼 곳에 가서 놀지 말고   놀아도 반드시 일정한 곳에 있어요.

부디 먼 곳에 가서 놀지 말고   놀아도 반드시 일정한 곳에 있어요.

부디 먼 곳에 가서 놀지 말고   놀아도 반드시 일정한 곳에 있어요.

빈칸 채워 쓰며 마무리

| 신 | 물 | | 유 | | 유 | 필 | | 방 |

부디 ___ 에 가서 놀지 말고   놀아도 반드시 일정한 곳에 ___

꼬막 상식

긴급 전화번호
범죄를 신고할 때는 112, 화재가 나거나 구조가 필요하면 119로 전화해요. 긴급하게 도움이 필요하지만 어디에 전화할지 모를 때라면 110으로 전화해요.

4일

行勿慢步
행 물 만 보

걸을 때는 거만하게 걷지 말고

坐勿倚身
좌 물 의 신

앉을 때는 몸을 기대지 말아요.

바른 자세로 걸어야 보기 좋고 다리나 허리가 아프지 않아요. 앉을 때에도 몸을 바로 해야 어깨나 등이 굽지 않고 어른이 되어서도 건강한 몸을 가질 수 있어요.

한자와 뜻 알고 쓰기

| 行 걸을 행 | 勿 말 물 | 慢 거만할 만 | 步 걸을 보 |
| 坐 앉을 좌 | 勿 말 물 | 倚 기댈 의 | 身 몸 신 |

| 行 걸을 행 | 勿 말 물 | 慢 거만할 만 | 步 걸을 보 |
| 坐 앉을 좌 | 勿 말 물 | 倚 기댈 의 | 身 몸 신 |

오늘 다짐

한 시간에 한 번씩은 움직이기

게임이나 공부할 때 한 자세로 너무 오래 있다 보면 목과 어깨, 허리가 피곤해요. 내 몸을 위해 한 시간에 적어도 한 번은 일어나서 몸을 움직이고 근육을 풀어 줘요.

유튜브 낭독을 듣고 따라 읽으며 써요.

소리 내어 따라 쓰기

| 행 | 물 | 만 | 보 | | 좌 | 물 | 의 | 신 |

걸을 때는 거만하게 걷지 말고   앉을 때는 몸을 기대지 말아요.

| 행 | 물 | 만 | 보 | | 좌 | 물 | 의 | 신 |

걸을 때는 거만하게 걷지 말고   앉을 때는 몸을 기대지 말아요.

| 행 | 물 | 만 | 보 | | 좌 | 물 | 의 | 신 |

걸을 때는 거만하게 걷지 말고   앉을 때는 몸을 기대지 말아요.

외워서 혼자 쓰기

걸을 때는 거만하게 걷지 말고   앉을 때는 몸을 기대지 말아요.

걸을 때는 거만하게 걷지 말고   앉을 때는 몸을 기대지 말아요.

걸을 때는 거만하게 걷지 말고   앉을 때는 몸을 기대지 말아요.

빈칸 채워 쓰며 마무리

| | | 물 | 만 | 보 | | | | 물 | 의 | 신 |

　　　때는 거만하게 걷지 말고　　　　때는 몸을 기대지 말아요.

꼬막 상식 — 의자에 바르게 앉는 방법
① 등받이에 엉덩이를 붙여서 앉아요. ② 등을 곧게 펴고, 등 쪽으로 쿠션을 끼워 허리가 자연스레 곡선이 되게 해요. ③ 발이 바닥에 닿고, 무릎은 90도가 되도록 해요.

31

4일

여러분의 몸은 아주 소중해요. 머리부터 발끝까지 함부로 하거나 다치지 않게 조심해요. 만약 다치는 일이 있다면 약을 잘 바르고 심하면 병원에 가서 꼭 치료받아야 해요.

身[신] 體[체] 髮[발] 膚[부]

몸과 머리털과 피부를

勿[물] 毁[훼] 勿[물] 傷[상]

훼손하지 말고 다치지 말아요.

한자와 뜻 알고 쓰기

| 身 몸 신 | 體 몸 체 | 髮 머리털 발 | 膚 피부 부 |
| 勿 말 물 | 毁 해칠 훼 | 勿 말 물 | 傷 다칠 상 |

| 身 몸 신 | 體 몸 체 | 髮 머리털 발 | 膚 피부 부 |
| 勿 말 물 | 毁 해칠 훼 | 勿 말 물 | 傷 다칠 상 |

오늘 다짐

몸에 좋은 음식 먹기

달콤한 간식과 가공식품은 맛있을지는 모르지만 너무 많이 먹으면 몸에 해로워요. 소중한 내 몸을 위해 신선한 채소와 건강한 음식을 골고루 먹는 습관을 길러요.

유튜브 낭독을 듣고 따라 읽으며 써요.

소리 내어 따라 쓰기

| 신 | 체 | 발 | 부 | | 물 | 훼 | 물 | 상 |

몸과 머리털과 피부를   훼손하지 말고 다치지 말아요.

| 신 | 체 | 발 | 부 | | 물 | 훼 | 물 | 상 |

몸과 머리털과 피부를   훼손하지 말고 다치지 말아요.

| 신 | 체 | 발 | 부 | | 물 | 훼 | 물 | 상 |

몸과 머리털과 피부를   훼손하지 말고 다치지 말아요.

외워서 혼자 쓰기

몸과 머리털과 피부를   훼손하지 말고 다치지 말아요.

몸과 머리털과 피부를   훼손하지 말고 다치지 말아요.

몸과 머리털과 피부를   훼손하지 말고 다치지 말아요.

빈칸 채워 쓰며 마무리

| 신 | 체 | 발 | | 물 | 훼 | 물 |

몸과 머리털과 ☐를   훼손하지 말고 ☐ 말아요.

 **상처가 나서 피가 날 때 처치법**

① 상처에 더러운 게 묻었다면 흐르는 물이나 생리 식염수로 씻어요. ② 상처에 소독약이나 연고를 발라요. 이때 입으로 불지 않아요. 입을 통해 세균이 들어갈 수 있기 때문이에요. ③ 깨끗한 밴드를 붙여요. ④ 상처가 너무 깊거나 피가 계속 많이 나면 병원에 가요.

5일

옷과 신발, 모자 등은 내 몸을 보호하고 멋을 낼 때에도 중요한 물건이에요. 더러워지면 잘 갈아입고 언제나 단정하고 깔끔한 모습을 갖추도록 해요.

衣의 服복 帶대 靴화

옷과 허리띠와 신발을 ·············

勿물 失실 勿물 裂렬

잃어버리지 말고 찢지 말아요. ·············

한자와 뜻 알고 쓰기

| 衣 | 服 | 帶 | 靴 |
| 옷 의 | 옷 복 | 띠 대 | 신발 화 |

| 勿 | 失 | 勿 | 裂 |
| 말 물 | 잃어버릴 실 | 말 물 | 찢을 렬 |

| 衣 | 服 | 帶 | 靴 |
| 옷 의 | 옷 복 | 띠 대 | 신발 화 |

| 勿 | 失 | 勿 | 裂 |
| 말 물 | 잃어버릴 실 | 말 물 | 찢을 렬 |

오늘 다짐

옷을 잘 개어 두거나 걸기

옷을 아무렇게나 던져 놓으면 구겨져서 다시 입을 때 예쁘지 않아요. 잘 개거나 옷걸이에 걸어서 다음에도 깔끔하게 입도록 해요.

유튜브 낭독을 듣고 따라 읽으며 써요.

소리 내어 따라 쓰기

| 의 | 복 | 대 | 화 | | 물 | 실 | 물 | 렬 |

옷과 허리띠와 신발을   잃어버리지 말고 찢지 말아요.

| 의 | 복 | 대 | 화 | | 물 | 실 | 물 | 렬 |

옷과 허리띠와 신발을   잃어버리지 말고 찢지 말아요.

| 의 | 복 | 대 | 화 | | 물 | 실 | 물 | 렬 |

옷과 허리띠와 신발을   잃어버리지 말고 찢지 말아요.

외워서 혼자 쓰기

옷과 허리띠와 신발을   잃어버리지 말고 찢지 말아요.

옷과 허리띠와 신발을   잃어버리지 말고 찢지 말아요.

옷과 허리띠와 신발을   잃어버리지 말고 찢지 말아요.

빈칸 채워 쓰며 마무리

| 의 | 복 | 대 | | | 물 | | 물 | 렬 |

옷과 허리띠와 □□을   □□□□□ 말고 찢지 말아요.

꼬막 상식

옷과 신발을 오래 입고 신는 방법

옷이나 신발 안쪽에는 그것을 만든 섬유의 종류와 적당한 세탁 방법이 적혀 있어요. 중성 세제를 쓰거나 드라이클리닝이 필요한지 확인해서 알맞게 세탁하면 모양과 색이 변하지 않아 오래 입고 신을 수 있지요.

35

5일

엄마, 아빠는 언제나 우리를 사랑해요. 여러분이 가끔 잘못하거나 실수를 할 때도 변함없이 사랑하지요. 그것을 항상 기억한다면 매일매일 마음이 든든할 거예요.

년 월 일

父부 母모 愛애 之지
부모님이 사랑해 주시면

喜희 而이 勿물 忘망
기뻐하며 잊지 말아요.

한자와 뜻 알고 쓰기

| 父 아버지 부 | 母 어머니 모 | 愛 사랑할 애 | 之 갈 지 |
| 喜 기쁠 희 | 而 말 이을 이 | 勿 말 물 | 忘 잊을 망 |

| 父 아버지 부 | 母 어머니 모 | 愛 사랑할 애 | 之 갈 지 |
| 喜 기쁠 희 | 而 말 이을 이 | 勿 말 물 | 忘 잊을 망 |

오늘의 다짐
우리 가족 칭찬하기
우리 가족이 기뻐하면 나도 덩달아 기쁠 거예요. 가족의 좋은 점을 자주 칭찬해서 서로서로 기쁘게 해 봐요.

유튜브 낭독을 듣고 따라 읽으며 써요.

소리 내어 따라 쓰기

| 부 | 모 | 애 | 지 |

| 희 | 이 | 물 | 망 |

부모님이 사랑해 주시면

기뻐하며 잊지 말아요.

| 부 | 모 | 애 | 지 |

| 희 | 이 | 물 | 망 |

부모님이 사랑해 주시면

기뻐하며 잊지 말아요.

| 부 | 모 | 애 | 지 |

| 희 | 이 | 물 | 망 |

부모님이 사랑해 주시면

기뻐하며 잊지 말아요.

외워서 혼자 쓰기

부모님이 사랑해 주시면

기뻐하며 잊지 말아요.

부모님이 사랑해 주시면

기뻐하며 잊지 말아요.

부모님이 사랑해 주시면

기뻐하며 잊지 말아요.

빈칸 채워 쓰며 마무리

| 부 | 모 | | 지 |

| | 이 | 물 | 망 |

부모님이 □□ 주시면

□□ 잊지 말아요.

'애지중지'는 무슨 뜻?

할아버지가 나를 애지중지하신대요. 애지중지(愛之重之)의 '애'는 사랑하다, '중'은 소중하다는 의미예요.
할아버지가 나를 아주 사랑하고 소중히 여긴다는 말이지요.

6일

父_부 母_모 責_책 之_지
부모님이 꾸짖으시면

反_반 省_성 勿_물 怨_원
반성하고 원망하지 말아요.

엄마, 아빠가 꾸짖는 것은 여러분을 미워해서가 아니에요. 여러분이 바르게 자라고 잘되기를 바라는 마음으로 잘못된 점을 고쳐 주려는 것이지요.

한자와 뜻 알고 쓰기

| 父 아버지 부 | 母 어머니 모 | 責 꾸짖을 책 | 之 갈 지 |
| 反 반성할 반 | 省 반성할 성 | 勿 말 물 | 怨 원망할 원 |

| 父 아버지 부 | 母 어머니 모 | 責 꾸짖을 책 | 之 갈 지 |
| 反 반성할 반 | 省 반성할 성 | 勿 말 물 | 怨 원망할 원 |

오늘의 다짐

잘못했을 때는 사과하기
잘못한 게 있지만 용기가 없어 사과하지 않고 그냥 넘길 때가 있어요. 이럴 때 용기를 내서 '미안해.'라고 말하면 마음이 편해질 거예요.

유튜브 낭독을 듣고 따라 읽으며 써요.

소리 내어 따라 쓰기

| 부 | 모 | 책 | 지 |

부모님이 꾸짖으시면

| 반 | 성 | 물 | 원 |

반성하고 원망하지 말아요.

| 부 | 모 | 책 | 지 |

부모님이 꾸짖으시면

| 반 | 성 | 물 | 원 |

반성하고 원망하지 말아요.

| 부 | 모 | 책 | 지 |

부모님이 꾸짖으시면

| 반 | 성 | 물 | 원 |

반성하고 원망하지 말아요.

외워서 혼자 쓰기

부모님이 꾸짖으시면

반성하고 원망하지 말아요.

부모님이 꾸짖으시면

반성하고 원망하지 말아요.

부모님이 꾸짖으시면

반성하고 원망하지 말아요.

빈칸 채워 쓰며 마무리

| 부 | 모 | | 지 | 　　| 물 | 원 |

부모님이 ☐☐☐☐   ☐☐☐☐ 원망하지 말아요.

꼬막 상식 — 어른도 반성문을 쓸까?

기업에서 고객에게 피해를 주었거나 연예인들이 사회적으로 물의를 일으켰을 때 내놓는 글도 반성문에 속해요.
큰 기업이나 어른인 유명인도 잘못을 하면 무엇을 잘못했으며 어떻게 고치겠다는 글을 써서 반성하는 거예요.

년 월 일

6일

勿 물 與 여 人 인 鬪 투

다른 사람과 다투지 말아요.

父 부 母 모 不 불 安 안

부모님이 불안해하시니까요.

친구랑 싸우고 여러분이 다쳐서 집에 왔다고 생각해 보세요. 엄마, 아빠는 그 모습을 보고 마음이 무척 아플 거예요. 그것을 떠올린다면 남과 함부로 다투고 싸우지는 않겠지요?

한자와 뜻
알고 쓰기

| 勿 말 물 | 與 더불어 여 | 人 사람 인 | 鬪 다툴 투 |
| 父 아버지 부 | 母 어머니 모 | 不 아닐 불 | 安 편안할 안 |

| 勿 말 물 | 與 더불어 여 | 人 사람 인 | 鬪 다툴 투 |
| 父 아버지 부 | 母 어머니 모 | 不 아닐 불 | 安 편안할 안 |

오늘 다짐

화가 날 때 먼저 10초 세기

화가 많이 나면 소리를 지르고 과격한 행동을 하는 경우가 있어요. 이럴 때 마음으로 천천히 10초를 세면 화가 조금 누그러들어요. 그런 다음에는 차분한 말로 마음을 또박또박 표현할 수 있을 거예요.

유튜브 낭독을 듣고 따라 읽으며 써요.

소리 내어 따라 쓰기

| 물 | 여 | 인 | 투 | | 부 | 모 | 불 | 안 |

다른 사람과 다투지 말아요.   부모님이 불안해하시니까요.

| 물 | 여 | 인 | 투 | | 부 | 모 | 불 | 안 |

다른 사람과 다투지 말아요.   부모님이 불안해하시니까요.

| 물 | 여 | 인 | 투 | | 부 | 모 | 불 | 안 |

다른 사람과 다투지 말아요.   부모님이 불안해하시니까요.

외워서 혼자 쓰기

다른 사람과 다투지 말아요.   부모님이 불안해하시니까요.

다른 사람과 다투지 말아요.   부모님이 불안해하시니까요.

다른 사람과 다투지 말아요.   부모님이 불안해하시니까요.

빈칸 채워 쓰며 마무리

| 물 | 여 | | 투 | | 부 | 모 | |

다른 ___ 과 다투지 말아요.   부모님이 ___ 해하시니까요.

'여당'은 무슨 뜻?

'여당'의 여(與)는 더불다, 함께하다는 뜻이에요. 대통령을 배출해서 함께하는 정치 당을 말하지요. 반대로 '야당'은 대통령을 배출하지 못한 나머지 당을 모두 뜻해요.

7일

내 방 정도는 스스로 청소할 줄 알아야 하겠지요? 물건은 제자리에 정리되어 있어야 찾기 편하고, 더러운 것은 빨리 치우고 닦아야 세균이나 벌레가 생기지 않아요.

년 월 일

室_실 堂_당 有_유 塵_진

방과 거실에 먼지가 있으면

常_상 必_필 灑_쇄 掃_소

항상 물 뿌리고 청소해요.

한자와 뜻
알고 쓰기

| 室 방 실 | 堂 마루 당 | 有 있을 유 | 塵 먼지 진 |
| 常 항상 상 | 必 반드시 필 | 灑 물 뿌릴 쇄 | 掃 청소할 소 |

| 室 방 실 | 堂 마루 당 | 有 있을 유 | 塵 먼지 진 |
| 常 항상 상 | 必 반드시 필 | 灑 물 뿌릴 쇄 | 掃 청소할 소 |

오늘 다짐

책상 정리하기

책상에 책이나 물건을 어지럽게 쌓아 두면 집중이 잘 되지 않아요. 공부가 끝나면 잘 정리하고 책상 위도 깨끗이 닦아 둬요. 다시 책상에 앉을 때 기분이 좋고 집중도 더 잘 될 거예요.

유튜브 낭독을 듣고 따라 읽으며 써요.

소리 내어 따라 쓰기

실 당 유 진   상 필 쇄 소
방과 거실에 먼지가 있으면   항상 물 뿌리고 청소해요.

실 당 유 진   상 필 쇄 소
방과 거실에 먼지가 있으면   항상 물 뿌리고 청소해요.

실 당 유 진   상 필 쇄 소
방과 거실에 먼지가 있으면   항상 물 뿌리고 청소해요.

외워서 혼자 쓰기

방과 거실에 먼지가 있으면   항상 물 뿌리고 청소해요.

방과 거실에 먼지가 있으면   항상 물 뿌리고 청소해요.

방과 거실에 먼지가 있으면   항상 물 뿌리고 청소해요.

빈칸 채워 쓰며 마무리

실 당 유   상 필 쇄
방과 거실에 ___ 가 있으면   항상 물 뿌리고 ___ 해요.

 왜 물을 뿌리고 청소할까?

눈에 보이지 않지만 집 안에도 미세 먼지가 많아요. 공중에 분무기를 뿌리면 미세 먼지가 물에 달라붙어서 바닥으로 떨어져요. 그다음 바닥을 청소하면 먼지를 깨끗하게 없앨 수 있지요.

년   월   일

7일

非비 有유 先선 祖조
선조가 계시지 않았으면

我아 身신 曷갈 生생
내 몸이 어디서 생겨났을까요.

엄마, 아빠가 있어서 내가 세상에 있어요. 엄마, 아빠는 또 할머니, 할아버지가 있어서 세상에 있지요. 오늘날 이렇게 내가 있는 건 앞서 계셨던 수많은 조상들 덕분이에요.

한자와 뜻 알고 쓰기

| 非 아닐 비 | 有 있을 유 | 先 먼저 선 | 祖 조상 조 |
| 我 나 아 | 身 몸 신 | 曷 어찌 갈 | 生 생겨날 생 |

| 非 아닐 비 | 有 있을 유 | 先 먼저 선 | 祖 조상 조 |
| 我 나 아 | 身 몸 신 | 曷 어찌 갈 | 生 생겨날 생 |

오늘 다짐

우리 역사 공부하기
나라를 지키고 이끌고 온 위대한 인물들을 잘 알고, 존경할 수 있게 역사를 공부해요. 우리가 누리는 자유와 평화, 풍요 등은 우리 조상님들이 오랫동안 노력해서 이루어 전해 주신 것이니까요.

유튜브 낭독을 듣고 따라 읽으며 써요.

소리 내어 따라 쓰기

비유선조 아신갈생
선조가 계시지 않았으면　내 몸이 어디서 생겨났을까요.

비유선조 아신갈생
선조가 계시지 않았으면　내 몸이 어디서 생겨났을까요.

비유선조 아신갈생
선조가 계시지 않았으면　내 몸이 어디서 생겨났을까요.

외워서 혼자 쓰기

선조가 계시지 않았으면　내 몸이 어디서 생겨났을까요.

선조가 계시지 않았으면　내 몸이 어디서 생겨났을까요.

선조가 계시지 않았으면　내 몸이 어디서 생겨났을까요.

빈칸 채워 쓰며 마무리

비유　　　신갈생
　　가 계시지 않았으면　　　몸이 어디서 생겨났을까요.

꼬막 상식

제사와 차례의 다른 점
우리는 조상을 기리고 인사를 드리기 위해 제사와 차례를 지내요. 제사는 돌아가신 조상 한 분만을 위해 지내는 것이고, 차례는 설날이나 추석 같은 명절에 여러 조상님에게 다 같이 인사하기 위해 지내지요.

2장 낭독 영상

여러분이 자라면서 부모님을 제외하고
가장 가까운 사람이 바로 형제자매일 거예요.
아끼는 마음이 크지만, 때로 싸우고 미워하기도 해요.
형제자매를 어떻게 대해야 할까요?
서로 돕고 사랑하는 형제자매가 되기 위해
이번 장을 잘 공부해요.

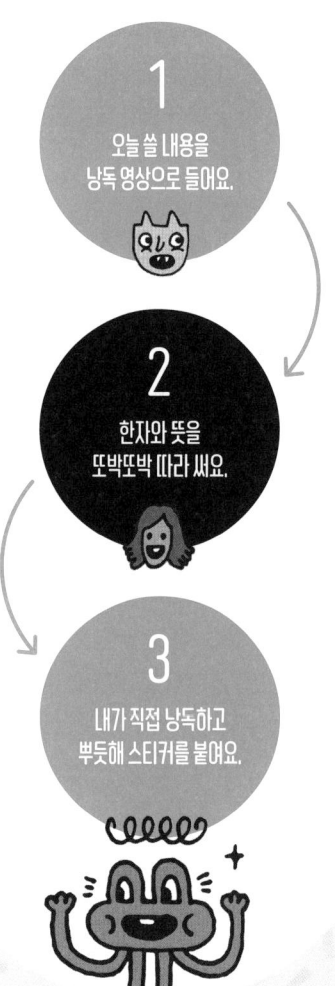

1 오늘 쓸 내용을 낭독 영상으로 들어요.

2 한자와 뜻을 또박또박 따라 써요.

3 내가 직접 낭독하고 뿌듯해 스티커를 붙여요.

사자소학

2장

형제자매를 생각하는 마음 편

8~13일 차

8일

년 월 일

언니나 형, 동생이 있나요?
엄마, 아빠에게서 똑같이 태어났으니
생김새도 성격도 비슷한 점이 있을
거예요. 그러니 세상 그 어떤
사람보다 특별하지요!

兄 형 弟 제 姉 자 妹 매

형제와 자매는 ·····································

同 동 氣 기 而 이 生 생

한 기운을 받고 태어났어요. ·····················

한자와 뜻 알고 쓰기

兄	弟	姉	妹
형 형	아우 제	윗누이 자	손아래 누이 매
同	氣	而	生
한가지 동	기운 기	말 이을 이	태어날 생

兄	弟	姉	妹
형 형	아우 제	윗누이 자	손아래 누이 매
同	氣	而	生
한가지 동	기운 기	말 이을 이	태어날 생

오늘 다짐

가족사진 자주 찍기
언니나 형, 동생이 있다면 모여서 자주 사진을 찍어 봐요.
함께 자라는 모습을 사진으로 기록해 두고 나중에 어른이
되어서 보면 정말 재미있을 거예요.

유튜브 낭독을 듣고 따라 읽으며 써요.

소리 내어 따라 쓰기

| 형 | 제 | 자 | 매 | | 동 | 기 | 이 | 생 |

형제와 자매는   한 기운을 받고 태어났어요.

| 형 | 제 | 자 | 매 | | 동 | 기 | 이 | 생 |

형제와 자매는   한 기운을 받고 태어났어요.

| 형 | 제 | 자 | 매 | | 동 | 기 | 이 | 생 |

형제와 자매는   한 기운을 받고 태어났어요.

외워서 혼자 쓰기

형제와 자매는   한 기운을 받고 태어났어요.

형제와 자매는   한 기운을 받고 태어났어요.

형제와 자매는   한 기운을 받고 태어났어요.

빈칸 채워 쓰며 마무리

| 형 | 제 | | | | 동 | 기 | 이 | |

형제와 ___는   한 기운을 받고 ___

꼬막상식

'호형호제'는 무슨 뜻?

'호형호제(呼兄呼弟)'는 서로 형으로 부르거나 아우라고 부른다는 뜻이에요. 형제처럼 아주 친한 사이를 나타내는 뜻이지요.

8일

형제자매는 엄마, 아빠만큼이나 여러분에게 소중한 사람이에요. 그러니 서로 사랑하고 존중해요. 서로 미워하거나 함부로 대하지는 않아야겠지요?

년 월 일

兄[형] 友[우] 弟[제] 恭[공]
형은 우애하고 아우는 받들며

不[불] 敢[감] 怨[원] 怒[노]
함부로 원망하거나 성내지 말아요.

한자와 뜻 알고 쓰기

| 兄 형 형 | 友 우애할 우 | 弟 아우 제 | 恭 받들 공 |
| 不 아닐 불 | 敢 함부로 감 | 怨 원망할 원 | 怒 화낼 노 |

| 兄 형 형 | 友 우애할 우 | 弟 아우 제 | 恭 받들 공 |
| 不 아닐 불 | 敢 함부로 감 | 怨 원망할 원 | 怒 화낼 노 |

오늘의 다짐

형제자매에게 양보하기
형제자매에게는 다른 사람보다 조금 더 양보하면 어때요? 동생이든 형이든 딱 한 가지씩만 양보하겠다는 마음을 가지면 서로 아주 든든한 사이가 될 거예요.

유튜브 낭독을 듣고 따라 읽으며 써요.

소리 내어 따라 쓰기

| 형 | 우 | 제 | 공 | | 불 | 감 | 원 | 노 |

형은 우애하고 아우는 받들며   함부로 원망하거나 성내지 말아요.

| 형 | 우 | 제 | 공 | | 불 | 감 | 원 | 노 |

형은 우애하고 아우는 받들며   함부로 원망하거나 성내지 말아요.

| 형 | 우 | 제 | 공 | | 불 | 감 | 원 | 노 |

형은 우애하고 아우는 받들며   함부로 원망하거나 성내지 말아요.

외워서 혼자 쓰기

형은 우애하고 아우는 받들며   함부로 원망하거나 성내지 말아요.

형은 우애하고 아우는 받들며   함부로 원망하거나 성내지 말아요.

형은 우애하고 아우는 받들며   함부로 원망하거나 성내지 말아요.

빈칸 채워 쓰며 마무리

| | 우 | | 공 | 불 | | 원 | 노 |

___은 우애하고 ___는 받들며   _____ 원망하거나 성내지 말아요.

 **《의좋은 형제》라는 동화**

옛날 어느 형제가 있었는데, 농사지은 볏단을 서로를 위해 밤에 몰래 가져다주었대요. 형이 동생에게 가져다 놓으면, 동생이 다시 형에게 가져다 놓아서 결국 똑같이 갖게 되었지요. 형제의 깊은 우애를 전하는 동화예요.

9일

比비 之지 於어 木목
이것을 나무에 비유하면

同동 根근 異이 枝지
뿌리는 같은데 가지가 다른 거예요.

형제자매는 같은 엄마, 아빠에게서 태어났지만 또 각기 다른 재능을 꽃피우며 자라나요. 하나의 나무에서 나왔지만 여러 갈래로 뻗어 자라는 나무의 다양한 가지들처럼요.

한자와 뜻 알고 쓰기

比	之	於	木
비유할 비	이것 지	어조사 어	나무 목
同	根	異	枝
같을 동	뿌리 근	다를 이	가지 지

比	之	於	木
비유할 비	이것 지	어조사 어	나무 목
同	根	異	枝
같을 동	뿌리 근	다를 이	가지 지

오늘의 다짐

형제자매의 다른 점 존중하기
바라는 것과 좋아하는 것이 누구나 다 같을 수는 없어요. 가까이 지내는 형제자매일수록 서로 다른 성격과 취향을 존중해 주어야 불편하지 않게 지낼 수 있어요.

유튜브 낭독을 듣고 따라 읽으며 써요.

소리 내어 따라 쓰기

| 비 | 지 | 어 | 목 | | 동 | 근 | 이 | 지 |

이것을 나무에 비유하면   뿌리는 같은데 가지가 다른 거예요.

| 비 | 지 | 어 | 목 | | 동 | 근 | 이 | 지 |

이것을 나무에 비유하면   뿌리는 같은데 가지가 다른 거예요.

| 비 | 지 | 어 | 목 | | 동 | 근 | 이 | 지 |

이것을 나무에 비유하면   뿌리는 같은데 가지가 다른 거예요.

외워서 혼자 쓰기

이것을 나무에 비유하면   뿌리는 같은데 가지가 다른 거예요.

이것을 나무에 비유하면   뿌리는 같은데 가지가 다른 거예요.

이것을 나무에 비유하면   뿌리는 같은데 가지가 다른 거예요.

빈칸 채워 쓰며 마무리

| 비 | 지 | 어 | | 동 | 근 | 이 |

이것을 ___ 에 비유하면   뿌리는 같은데 ___ 가 다른 거예요.

꼬막상식

나무도 늙을까?

나무는 사람처럼 늙지는 않아요. 나무는 생장점에서 가지와 잎을 만들어 내면서 새롭게 계속 자라나지요.
나무가 죽는 것은 늙어서가 아니라 가지가 부러지거나 비바람에 쓰러지는 등 바깥 환경에 영향을 받아서라고 해요.

9일

比비 之지 於어 水수
이것을 물에 비유하면

同동 源원 異이 流류
수원은 같은데 흐름은 다른 거예요.

형제자매를 땅 위를 흐르는 물에도 비유해요. 한 곳의 지하수에서 나온 물이 여러 갈래의 시내와 강으로 뻗어 나가고 커지듯 형제자매도 한 부모에게서 나왔지만 각자 다른 모습으로 자라나지요.

한자와 뜻 알고 쓰기

| 比 비유할 비 | 之 이것 지 | 於 어조사 어 | 水 물 수 |
| 同 같을 동 | 源 수원 원 | 異 다를 이 | 流 흐름 류 |

| 比 비유할 비 | 之 이것 지 | 於 어조사 어 | 水 물 수 |
| 同 같을 동 | 源 수원 원 | 異 다를 이 | 流 흐름 류 |

오늘 다짐

장래 희망 생각하기
이다음에 자라면 어떤 일을 해 보고 싶은지 자주 생각해 봐요. 언니, 오빠, 동생의 장래 희망도 알아보고, 꼭 이룰 수 있게 서로 응원하는 후원자가 되어 주면 어떨까요?

유튜브 낭독을 듣고 따라 읽으며 써요.

소리 내어 따라 쓰기

| 비 | 지 | 어 | 수 |

| 동 | 원 | 이 | 류 |

이것을 물에 비유하면

수원은 같은데 흐름은 다른 거예요.

| 비 | 지 | 어 | 수 |

| 동 | 원 | 이 | 류 |

이것을 물에 비유하면

수원은 같은데 흐름은 다른 거예요.

| 비 | 지 | 어 | 수 |

| 동 | 원 | 이 | 류 |

이것을 물에 비유하면

수원은 같은데 흐름은 다른 거예요.

외워서 혼자 쓰기

이것을 물에 비유하면

수원은 같은데 흐름은 다른 거예요.

이것을 물에 비유하면

수원은 같은데 흐름은 다른 거예요.

이것을 물에 비유하면

수원은 같은데 흐름은 다른 거예요.

빈칸 채워 쓰며 마무리

| 비 | 지 | 어 |

| 동 | 원 | 이 |

이것을 □에 비유하면

수원은 같은데 □은 다른 거예요.

꼬막 상식

'수원'은 무슨 뜻?

'수원(水源)'은 물의 근원으로, 흐르는 물줄기의 첫 시작을 말해요. 한강 물은 강원도에 있는 검룡소라는 곳에서 처음 시작돼요. 이곳에서는 하루에 2천 톤이 넘는 물이 계속 솟아나고 있다고 하지요.

10일

기러기는 여러 마리가 무리를 지어 하늘을 날아요. 무리를 지어야 천적을 피하기 좋고, 역할도 나눌 수 있거든요. 형제자매도 이렇듯 서로 돕고, 힘을 모으면 좋겠지요?

兄 형 弟 제 怡 이 怡 이
형제는 서로 화목하며

行 행 則 즉 雁 안 行 항
길을 갈 때는 기러기 떼처럼 줄지어 가요.

한자와 뜻 알고 쓰기

| 兄 형 형 | 弟 아우 제 | 怡 즐거울 이 | 怡 즐거울 이 |
| 行 갈 행 | 則 곧 즉 | 雁 기러기 안 | 行 줄 항 |

| 兄 형 형 | 弟 아우 제 | 怡 즐거울 이 | 怡 즐거울 이 |
| 行 갈 행 | 則 곧 즉 | 雁 기러기 안 | 行 줄 항 |

오늘 다짐

가족 품앗이하기

품앗이는 일손이 필요할 때 돌아가면서 돕는 풍속이에요. 형이 이번에 동생 숙제를 도와주었으면, 동생은 다음번에 형의 만들기를 도와주는 것처럼 형제자매끼리 품앗이를 해 봐요.

유튜브 낭독을 듣고 따라 읽으며 써요.

소리 내어 따라 쓰기

형제는 서로 화목하며

길을 갈 때는 기러기 떼처럼 줄지어 가요.

형제는 서로 화목하며

길을 갈 때는 기러기 떼처럼 줄지어 가요.

형제는 서로 화목하며

길을 갈 때는 기러기 떼처럼 줄지어 가요.

외워서 혼자 쓰기

형제는 서로 화목하며

길을 갈 때는 기러기 떼처럼 줄지어 가요.

형제는 서로 화목하며

길을 갈 때는 기러기 떼처럼 줄지어 가요.

형제는 서로 화목하며

길을 갈 때는 기러기 떼처럼 줄지어 가요.

빈칸 채워 쓰며 마무리

형제

행 즉   항

형제는 서로 ▢▢▢

길을 갈 때는 ▢▢ 떼처럼 줄지어 가요.

 **꼬막 상식**

같은 한자를 왜 다르게 읽을까?

'행즉안항(行則雁行)'을 보면 行이라는 같은 한자를 다르게 읽는데, 이것은 뜻이 다르기 때문이에요.
행(行)으로 읽을 때는 '가다'라는 뜻이에요. 항(行)으로 읽을 때는 '줄, 대열'이라는 뜻이 돼요.

10일

보통 형이나 누나가 나이가 더 많으니 동생에게 양보하라는 말을 듣게 돼요. 하지만 그럴 때 동생이 먼저 나서서 형이나 누나에게 양보한다면 어때요? 정말 멋질 거예요.

兄형 無무 衣의 服복

형이 의복이 없으면

弟제 必필 獻헌 之지

아우가 반드시 드려요.

한자와 뜻 알고 쓰기

兄	無	衣	服
형 형	없을 무	옷 의	옷 복
弟	必	獻	之
아우 제	반드시 필	드릴 헌	그것 지

兄	無	衣	服
형 형	없을 무	옷 의	옷 복
弟	必	獻	之
아우 제	반드시 필	드릴 헌	그것 지

오늘 다짐

가족에게 외투 입혀 주기

가족이 외출할 때 외투를 입혀 주는 걸 해 보세요. 입는 사람이 정말 대접받는 느낌이 들어서 더 즐겁게 외출하고 돌아올 수 있을 거예요.

유튜브 낭독을 듣고 따라 읽으며 써요.

소리 내어 따라 쓰기

형이 의복이 없으면   아우가 반드시 드려요.

형이 의복이 없으면   아우가 반드시 드려요.

형이 의복이 없으면   아우가 반드시 드려요.

외워서 혼자 쓰기

형이 의복이 없으면   아우가 반드시 드려요.

형이 의복이 없으면   아우가 반드시 드려요.

형이 의복이 없으면   아우가 반드시 드려요.

빈칸 채워 쓰며 마무리

형이 의복이   아우가 반드시

 **꼬막 상식**

헌사가 뭘까?

책 앞에 '○○에게 바칩니다'라고 쓴 것을 볼 때가 있어요. 이것은 작가가 자신의 작품을 바치고 싶은 사람에게 쓰는 말이에요. 이런 말을 드릴/바칠 헌(獻)과 말씀 사(辭) 자를 써서 '헌사(獻辭)'라고 해요.

11일

弟_제 無_무 飮_음 食_식

아우가 음식이 없으면

兄_형 必_필 與_여 之_지

형이 반드시 주어요.

언니, 오빠도 동생에게 부족한 것이 있으면 챙기고 도우라는 말이에요. 맛있는 간식이 있을 때도 서로 나누어 먹으면 좋을 거예요.

한자와 뜻 알고 쓰기

| 弟 아우 제 | 無 없을 무 | 飮 마실 음 | 食 음식 식 |
| 兄 형 형 | 必 반드시 필 | 與 줄 여 | 之 그것 지 |

| 弟 아우 제 | 無 없을 무 | 飮 마실 음 | 食 음식 식 |
| 兄 형 형 | 必 반드시 필 | 與 줄 여 | 之 그것 지 |

오늘 다짐

가족이 좋아하는 음식 기억하기

가족이 좋아하는 음식을 기억해 두면 좋아요. 생일처럼 특별한 날에 직접 요리해 주거나 사 준다면 가족들은 세심한 배려에 더욱 기뻐할 거예요.

소리 내어 따라 쓰기

제	무	음	식

아우가 음식이 없으면

형	필	여	지

형이 반드시 주어요.

제	무	음	식

아우가 음식이 없으면

형	필	여	지

형이 반드시 주어요.

제	무	음	식

아우가 음식이 없으면

형	필	여	지

형이 반드시 주어요.

외워서 혼자 쓰기

아우가 음식이 없으면

형이 반드시 주어요.

아우가 음식이 없으면

형이 반드시 주어요.

아우가 음식이 없으면

형이 반드시 주어요.

빈칸 채워 쓰며 마무리

제	무		

아우가 ▢ 이 없으면

형	필		지

형이 반드시 ▢ ▢

 **음식을 기부하는 사람들**

프랑스에서는 먹고 남아서 버리는 음식이 1년에 1천만 톤이 된대요.
그래서 포장을 뜯지 않은 남은 음식을 사진 찍어 앱에 올리고 다른 사람들과 나누는 기부에 참여하는 사람들이 늘어나고 있어요.

년 월 일

11일

一일 杯배 之지 水수

한 잔의 물이라도

必필 分분 而이 飮음

반드시 나누어 마셔요.

'콩 한 쪽도 나누어 먹는다'는 속담이 있어요. 콩은 작아서 나눌 것이 별로 없지만 그래도 함께하려는 마음이 중요하다는 거예요. 물 한 잔도 나누어 먹으라는 것도 같은 뜻이지요.

한자와 뜻
알고 쓰기

| 一 하나 일 | 杯 잔 배 | 之 갈 지 | 水 물 수 |
| 必 반드시 필 | 分 나눌 분 | 而 말 이을 이 | 飮 마실 음 |

| 一 하나 일 | 杯 잔 배 | 之 갈 지 | 水 물 수 |
| 必 반드시 필 | 分 나눌 분 | 而 말 이을 이 | 飮 마실 음 |

오늘 다짐

물 자주 마시기
많이 뛰고 노는 어린이 시기에는 땀을 많이 흘려서 물을 잘 마시는 게 중요해요. 소중한 나의 건강을 위해서 탄산음료나 주스보다는 깨끗한 물을 충분히 마시도록 해요.

유튜브 낭독을 듣고 따라 읽으며 써요.

소리 내어 따라 쓰기

| 일 | 배 | 지 | 수 | | 필 | 분 | 이 | 음 |

한 잔의 물이라도 반드시 나누어 마셔요.

| 일 | 배 | 지 | 수 | | 필 | 분 | 이 | 음 |

한 잔의 물이라도 반드시 나누어 마셔요.

| 일 | 배 | 지 | 수 | | 필 | 분 | 이 | 음 |

한 잔의 물이라도 반드시 나누어 마셔요.

외워서 혼자 쓰기

한 잔의 물이라도 반드시 나누어 마셔요.

한 잔의 물이라도 반드시 나누어 마셔요.

한 잔의 물이라도 반드시 나누어 마셔요.

빈칸 채워 쓰며 마무리

| | 배 | 지 | | | 필 | | 이 | 음 |

☐ 잔의 ☐ 이라도   반드시 ☐ ☐ 마셔요.

꼬막 상식

물을 안 마셔도 살 수 있을까?
사람이 살기 위해서는 음식을 먹는 것도 중요하지만 물이 꼭 필요해요. 21도 정도의 선선한 날씨에서 물 없이 사람이 살 수 있는 시간은 약 10일밖에 되지 않는답니다.

12일

一_일 粒_립 之_지 食_식

한 알의 음식이라도 ....

必_필 分_분 而_이 食_식

반드시 나누어 먹어요. ....

맛있는 계란말이를 먹다가 딱 한 쪽이 남았어요. 누가 먹을까요? 형과 동생이 반씩 나누어 먹는다면 맛도 좋고, 마음도 좋을 거예요.

한자와 뜻 알고 쓰기

| 一 하나 일 | 粒 낱알 립 | 之 갈 지 | 食 음식 식 |
| 必 반드시 필 | 分 나눌 분 | 而 말 이을 이 | 食 먹을 식 |

| 一 하나 일 | 粒 낱알 립 | 之 갈 지 | 食 음식 식 |
| 必 반드시 필 | 分 나눌 분 | 而 말 이을 이 | 食 먹을 식 |

오늘의 다짐

가족이 함께 요리하기

우리 가족이 먹는 음식은 가족 모두 함께 만드는 건 어때요? 각자 음식을 나누어 맡아 만들고, 식사하고, 설거지까지 함께하면 가족으로서의 책임감과 소중한 시간을 나눌 수 있을 거예요.

유튜브 낭독을 듣고 따라 읽으며 써요.

소리 내어 따라 쓰기

| 일 | 립 | 지 | 식 |
한 알의 음식이라도

| 필 | 분 | 이 | 식 |
반드시 나누어 먹어요.

| 일 | 립 | 지 | 식 |
한 알의 음식이라도

| 필 | 분 | 이 | 식 |
반드시 나누어 먹어요.

| 일 | 립 | 지 | 식 |
한 알의 음식이라도

| 필 | 분 | 이 | 식 |
반드시 나누어 먹어요.

외워서 혼자 쓰기

한 알의 음식이라도

반드시 나누어 먹어요.

한 알의 음식이라도

반드시 나누어 먹어요.

한 알의 음식이라도

반드시 나누어 먹어요.

빈칸 채워 쓰며 마무리

| 일 | | 지 | 식 | | 필 | | 이 | 식 |

한 　 의 음식이라도　　　　반드시 　 　 먹어요.

꼬딱상식

'분수'는 무슨 뜻?

'분수(分數)'는 나눌 분(分), 셈 수(數)로 써요. 피자 1판을 3명의 친구가 나누어 먹는다면 1판을 3개로 나누어야 해서 1/3로 표시해요. 이렇게 전체를 똑같이 나눈 것 중 일부분을 표현하는 것이 분수예요.

년 월 일

12일

兄 형 弟 제 有 유 善 선

형제가 잘한 일이 있으면

必 필 譽 예 于 우 外 외

반드시 밖으로 칭찬해요.

우리 언니나 동생이 정말 자랑스럽고 대견할 때가 있을 거예요. 그럴 때는 속으로 생각만 하지 말고 밖으로 칭찬하고, 주변에도 널리 알려서 응원해 주라는 뜻이에요.

한자와 뜻 알고 쓰기

| 兄 형 형 | 弟 아우 제 | 有 있을 유 | 善 착할 선 |
| 必 반드시 필 | 譽 칭찬할 예 | 于 어조사 우 | 外 바깥 외 |

| 兄 형 형 | 弟 아우 제 | 有 있을 유 | 善 착할 선 |
| 必 반드시 필 | 譽 칭찬할 예 | 于 어조사 우 | 外 바깥 외 |

오늘 다짐

가족 상장 주기
형이나 동생, 엄마, 아빠가 멋있는 점이 있거나 칭찬해 주고 싶은 점이 생기면 상장을 써서 전달해 봐요. 멋진 상 이름도 지어서 말이에요.

소리 내어 따라 쓰기

| 형 | 제 | 유 | 선 | 필 | 예 | 우 | 외 |

형제가 잘한 일이 있으면   반드시 밖으로 칭찬해요.

| 형 | 제 | 유 | 선 | 필 | 예 | 우 | 외 |

형제가 잘한 일이 있으면   반드시 밖으로 칭찬해요.

| 형 | 제 | 유 | 선 | 필 | 예 | 우 | 외 |

형제가 잘한 일이 있으면   반드시 밖으로 칭찬해요.

외워서 혼자 쓰기

형제가 잘한 일이 있으면   반드시 밖으로 칭찬해요.

형제가 잘한 일이 있으면   반드시 밖으로 칭찬해요.

형제가 잘한 일이 있으면   반드시 밖으로 칭찬해요.

빈칸 채워 쓰며 마무리

| 형 | 제 | 유 | | | 필 | | 우 | 외 |

형제가 ___ 일이 있으면   반드시 밖으로 ___

꼬막 상식

고래를 춤추게 하는 것

《칭찬은 고래도 춤추게 한다》라는 유명한 책이 있어요. '참 잘했어요.'라는 칭찬은 누구에게든 무언가를 잘하고 싶은 마음을 만든다는 내용의 책이에요. 칭찬이 가져다주는 강한 힘을 보여 주지요.

13일

兄 형 弟 제 有 유 失 실
형제가 잘못이 있으면

隱 은 而 이 勿 물 揚 양
숨겨 주고 드러내지 말아요.

형이나 동생을 위해서라도 꼭 밝혀야 할 잘못이 있다면 말하는 게 좋을 거예요. 그러나 가벼운 실수라면 꼭 꺼내어 이르기보다는 너그럽게 감싸 주는 태도가 필요해요.

한자와 뜻
알고 쓰기

| 兄 형형 | 弟 아우제 | 有 있을유 | 失 잘못실 |
| 隱 숨길은 | 而 말이을이 | 勿 말물 | 揚 밝힐양 |

| 兄 형형 | 弟 아우제 | 有 있을유 | 失 잘못실 |
| 隱 숨길은 | 而 말이을이 | 勿 말물 | 揚 밝힐양 |

오늘의 다짐

서로의 말 들어주기
동생과 오빠가 속상해하는 날에는 여러분이 그 이야기를 들어주세요. 꼭 안아 주는 것도 좋아요. 그것만으로도 큰 위로가 될 테니까요.

소리 내어 따라 쓰기

형제 유실 은 이 물 양
형제가 잘못이 있으면 숨겨 주고 드러내지 말아요.

형제 유실 은 이 물 양
형제가 잘못이 있으면 숨겨 주고 드러내지 말아요.

형제 유실 은 이 물 양
형제가 잘못이 있으면 숨겨 주고 드러내지 말아요.

외워서 혼자 쓰기

형제가 잘못이 있으면 숨겨 주고 드러내지 말아요.

형제가 잘못이 있으면 숨겨 주고 드러내지 말아요.

형제가 잘못이 있으면 숨겨 주고 드러내지 말아요.

빈칸 채워 쓰며 마무리

형 제 유 　　　　은 이 물

형제가 　　 이 있으면　　숨겨 주고 　　 말아요.

세계적인 형제 위인

세계적으로 가장 유명한 형제는 아마 '라이트 형제'일 거예요. 형 윌버 라이트와 동생 오빌 라이트는 발동기를 단 비행기를 만들어 역사상 최초의 비행에 성공했지요.

13일

형제자매는 서로 잘되기를 응원하고 좋은 일을 내 일처럼 기뻐해 줄 수 있는 가장 가까운 사이예요. 어릴 때부터 다 자라나 어른이 되고, 나이가 들어서까지도 말이에요.

我 아 有 유 歡 환 樂 락

나에게 기쁨과 즐거움이 있으면

兄 형 弟 제 亦 역 樂 락

형제도 즐거워해요.

한자와 뜻 알고 쓰기

我	有	歡	樂
나 아	있을 유	기뻐할 환	즐거울 락
兄	弟	亦	樂
형 형	아우 제	또 역	즐거울 락

我	有	歡	樂
나 아	있을 유	기뻐할 환	즐거울 락
兄	弟	亦	樂
형 형	아우 제	또 역	즐거울 락

오늘의 다짐

내 장점 찾기
언니, 오빠는 잘하는 게 많은데 나는 없다고 생각한 적이 있다면 내 장점을 찾아봐요. 여러분에게도 멋진 장점이 반드시 있으니까 말이에요.

소리 내어 따라 쓰기

| 아 | 유 | 환 | 락 | | 형 | 제 | 역 | 락 |

나에게 기쁨과 즐거움이 있으면 형제도 즐거워해요.

| 아 | 유 | 환 | 락 | | 형 | 제 | 역 | 락 |

나에게 기쁨과 즐거움이 있으면 형제도 즐거워해요.

| 아 | 유 | 환 | 락 | | 형 | 제 | 역 | 락 |

나에게 기쁨과 즐거움이 있으면 형제도 즐거워해요.

외워서 혼자 쓰기

나에게 기쁨과 즐거움이 있으면 형제도 즐거워해요.

나에게 기쁨과 즐거움이 있으면 형제도 즐거워해요.

나에게 기쁨과 즐거움이 있으면 형제도 즐거워해요.

빈칸 채워 쓰며 마무리

| | 유 | 환 | 락 | | 형 | 제 | 역 | |

　　에게 기쁨과 즐거움이 있으면 형제도

꼬막 상식

또 다른 세계적인 형제 위인

프랑스에서는 뤼미에르 형제가 유명해요. 두 형제는 스크린에 영상을 보여 주는 시네마토그래프라는 장치를 개발해서 오늘날 우리가 즐기는 영화의 시작을 마련했답니다.

3장 낭독 영상

집 밖으로 나와서 학교 등 사회 속으로 들어가면
친구, 선생님 등 다양한 사람들을 만나게 돼요.
친구를 사귈 때, 선생님을 대할 때,
어떤 마음과 자세를 가지면 좋을까요?
더 넓은 세상으로 나아가기 위해 이번 장을 잘 배워요.

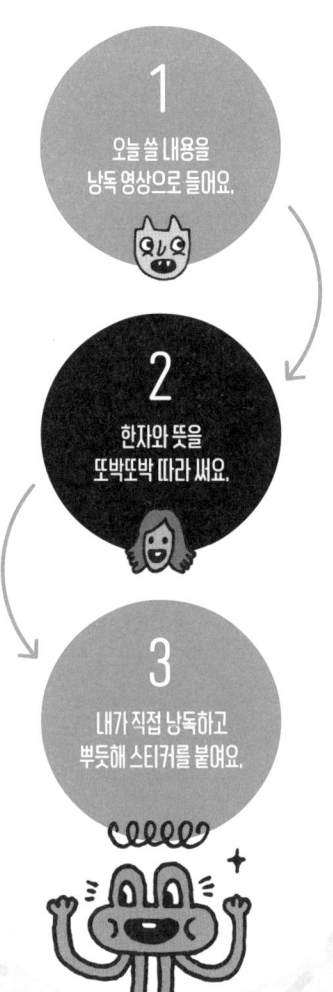

1 오늘 쓸 내용을 낭독 영상으로 들어요.

2 한자와 뜻을 또박또박 따라 써요.

3 내가 직접 낭독하고 뿌듯해 스티커를 붙여요.

사자소학

3장

친구, 선생님을 대하는 자세 편

14~20일 차

년 월 일

14일

夙 숙 興 흥 夜 야 寐 매

아침 일찍 일어나고 밤에 늦게 자고 ············

勿 물 懶 라 讀 독 書 서

책 읽기를 게을리하지 말아요. ············

어린이는 밤에 일찍 자는 게 좋아요. 여기서 밤에 늦게 잔다는 뜻은 여러분이 하고자 하는 일이 있을 때라면 잠을 마음껏 자기보다는 시간을 아껴 부지런히 노력하라는 말이랍니다.

한자와 뜻 알고 쓰기

| 夙 아침 숙 | 興 일어날 흥 | 夜 밤 야 | 寐 잘 매 |
| 勿 말 물 | 懶 게으를 라 | 讀 읽을 독 | 書 책 서 |

| 夙 아침 숙 | 興 일어날 흥 | 夜 밤 야 | 寐 잘 매 |
| 勿 말 물 | 懶 게으를 라 | 讀 읽을 독 | 書 책 서 |

오늘의 다짐

책 달력 만들기
내 마음에 쏙 드는 책을 읽는 건 독서의 기쁨이에요. 그러려면 책을 고르는 능력을 키워야 해요. 매일 책을 읽고, 책 제목과 소감을 기록해 두는 책 달력을 쓰면 독서 실력을 키우는 데 도움이 될 거예요.

유튜브 낭독을 듣고 따라 읽으며 써요.

소리 내어 따라 쓰기

| 숙 | 흥 | 야 | 매 | | 물 | 라 | 독 | 서 |

아침 일찍 일어나고 밤에 늦게 자고   책 읽기를 게을리하지 말아요.

| 숙 | 흥 | 야 | 매 | | 물 | 라 | 독 | 서 |

아침 일찍 일어나고 밤에 늦게 자고   책 읽기를 게을리하지 말아요.

| 숙 | 흥 | 야 | 매 | | 물 | 라 | 독 | 서 |

아침 일찍 일어나고 밤에 늦게 자고   책 읽기를 게을리하지 말아요.

외워서 혼자 쓰기

아침 일찍 일어나고 밤에 늦게 자고   책 읽기를 게을리하지 말아요.

아침 일찍 일어나고 밤에 늦게 자고   책 읽기를 게을리하지 말아요.

아침 일찍 일어나고 밤에 늦게 자고   책 읽기를 게을리하지 말아요.

빈칸 채워 쓰며 마무리

| | 흥 | 야 | 매 | | 물 | | 독 | 서 |

___ 일찍 일어나고 밤에 늦게 자고   책 읽기를 ___ 하지 말아요.

꼬막 상식

책 읽기 휴가

조선 시대 세종 대왕은 관리들에게 책을 읽으라고 휴가까지 주었대요. 독서를 그만큼 중요하게 생각한 거예요.
관리들은 집에서 자유롭게 책을 읽으며 쉬었지만 독후감은 꼭 내야 했대요.

14일

도서관에는 정말 많은 책이 있지만 원하는 책을 쉽게 찾을 수 있어요. 기준에 맞춰 잘 정리되어 있기 때문이에요. 우리 집 책도 이처럼 정리하면 필요할 때 빠르게 찾을 수 있겠지요?

書 서 冊 책 狼 낭 藉 자

책이 어지럽게 깔려 있으면

每 매 必 필 整 정 頓 돈

항상 반드시 정돈해요.

한자와 뜻 알고 쓰기

| 書 글 서 | 冊 책 책 | 狼 어지러울 낭 | 藉 깔 자 |
| 每 항상 매 | 必 반드시 필 | 整 가지런할 정 | 頓 가지런할 돈 |

| 書 글 서 | 冊 책 책 | 狼 어지러울 낭 | 藉 깔 자 |
| 每 항상 매 | 必 반드시 필 | 整 가지런할 정 | 頓 가지런할 돈 |

오늘의 다짐

책 정리하기

책을 정리하는 여러 방법이 있어요. 동화, 과학처럼 주제에 맞추거나, 출판사별로, 작가별로 정리할 수도 있고, 표지 색깔별로 예쁘게 정리할 수도 있어요. 여러분도 원하는 기준을 세워 정리해 보세요.

유튜브 낭독을 듣고 따라 읽으며 써요.

소리 내어 따라 쓰기

| 서 | 책 | 낭 | 자 | | 매 | 필 | 정 | 돈 |

책이 어지럽게 깔려 있으면　　　　항상 반드시 정돈해요.

| 서 | 책 | 낭 | 자 | | 매 | 필 | 정 | 돈 |

책이 어지럽게 깔려 있으면　　　　항상 반드시 정돈해요.

| 서 | 책 | 낭 | 자 | | 매 | 필 | 정 | 돈 |

책이 어지럽게 깔려 있으면　　　　항상 반드시 정돈해요.

외워서 혼자 쓰기

책이 어지럽게 깔려 있으면　　　　항상 반드시 정돈해요.

책이 어지럽게 깔려 있으면　　　　항상 반드시 정돈해요.

책이 어지럽게 깔려 있으면　　　　항상 반드시 정돈해요.

빈칸 채워 쓰며 마무리

| 서 | 책 | | 자 | | | 필 | 정 | 돈 |

책이 ___ 게 깔려 있으면　　　　___ 반드시 정돈해요.

 **꼬 막 상 식**

세종 대왕은 독서 왕!
세종 대왕은 한 권의 책을 100번 읽고, 100번 써서 내용을 완전히 내 것으로 만들었다고 해요. 이렇게 책 읽는 것을 백독백습(百讀百習)이라고 부른답니다.

년 월 일

15일

能_능 知_지 能_능 行_행

알 수 있고 행할 수 있는 것은

總_총 是_시 師_사 功_공

모두 스승의 공이에요.

여러분은 책을 읽을 줄 알고, 글씨도 쓸 줄 알아요. 하지만 어느 날 저절로 알게 된 건 아니에요. 부모님, 선생님께서 가르쳐 주셨기 때문이에요. 참 고마운 일이지요?

한자와 뜻 **알고 쓰기**

| 能 할 수 있을 능 | 知 알 지 | 能 할 수 있을 능 | 行 행할 행 |
| 總 모두 총 | 是 이 시 | 師 스승 사 | 功 공 공 |

| 能 할 수 있을 능 | 知 알 지 | 能 할 수 있을 능 | 行 행할 행 |
| 總 모두 총 | 是 이 시 | 師 스승 사 | 功 공 공 |

오늘의 다짐

모르는 것은 물어보기
공부하다가 잘 모르는 게 있는데, 창피해서 물어보지 않고 넘어갈 때가 있어요. 하지만 모르는 것이라면 물어 봐야 비로소 알게 돼요. 자주 물어보는 것은 똑똑해지는 지름길이에요.

유튜브 낭독을 듣고 따라 읽으며 써요.

소리 내어 따라 쓰기

능	지	능	행

알 수 있고 행할 수 있는 것은

총	시	사	공

모두 스승의 공이에요.

능	지	능	행

알 수 있고 행할 수 있는 것은

총	시	사	공

모두 스승의 공이에요.

능	지	능	행

알 수 있고 행할 수 있는 것은

총	시	사	공

모두 스승의 공이에요.

외워서 혼자 쓰기

알 수 있고 행할 수 있는 것은

모두 스승의 공이에요.

알 수 있고 행할 수 있는 것은

모두 스승의 공이에요.

알 수 있고 행할 수 있는 것은

모두 스승의 공이에요.

빈칸 채워 쓰며 마무리

능		능	행	총	시		공

___ 수 있고 행할 수 있는 것은   모두 ___ 의 공이에요.

꼬막 상식

스승의 날이 5월 15일인 이유

5월 15일은 세종 대왕이 태어난 날이에요. 한글을 창제한 우리 민족의 큰 스승이라는 의미를 담아 1965년에 세종 대왕의 생일을 스승의 날로 정했어요.

15일

長 장 者 자 慈 자 幼 유

어른은 어린이를 사랑하고

幼 유 者 자 敬 경 長 장

어린이는 어른을 공경해요.

어린이는 미래 세상을 이끌어 갈 귀한 사람이에요. 어른들은 어린이가 건강하고 행복하게 잘 자랄 수 있도록 보살피고 사랑해야 해요. 어린이 또한 이런 어른들을 존경해야 하지요.

한자와 뜻 알고 쓰기

| 長 나이 많을 장 | 者 사람 자 | 慈 사랑할 자 | 幼 나이 어릴 유 |
| 幼 나이 어릴 유 | 者 사람 자 | 敬 공경할 경 | 長 나이 많을 장 |

| 長 나이 많을 장 | 者 사람 자 | 慈 사랑할 자 | 幼 나이 어릴 유 |
| 幼 나이 어릴 유 | 者 사람 자 | 敬 공경할 경 | 長 나이 많을 장 |

오늘 다짐

내 의견 정확히 말하기

누군가 여러분이 어린이라고 함부로 대하거나 잘못된 일을 강요하면 '그건 싫어요.', '내 생각은 이거예요.'라고 말해요. 내 의견을 똑똑히 말하는 것은 나를 지키는 한 방법이랍니다.

유튜브 낭독을 듣고 따라 읽으며 써요.

소리 내어 따라 쓰기

| 장 | 자 | 자 | 유 | | 유 | 자 | 경 | 장 |

어른은 어린이를 사랑하고   어린이는 어른을 공경해요.

| 장 | 자 | 자 | 유 | | 유 | 자 | 경 | 장 |

어른은 어린이를 사랑하고   어린이는 어른을 공경해요.

| 장 | 자 | 자 | 유 | | 유 | 자 | 경 | 장 |

어른은 어린이를 사랑하고   어린이는 어른을 공경해요.

외워서 혼자 쓰기

어른은 어린이를 사랑하고   어린이는 어른을 공경해요.

어른은 어린이를 사랑하고   어린이는 어른을 공경해요.

어른은 어린이를 사랑하고   어린이는 어른을 공경해요.

빈칸 채워 쓰며 마무리

| | | 자 | 유 | | | | 경 | 장 |

☐☐ 은 어린이를 사랑하고   ☐☐ 는 어른을 공경해요.

꼬 막 상 식

'어린이'라는 말

옛날에는 어린이를 부르는 말이 없었고, 어리다는 이유로 함부로 대하는 어른도 많았대요.
방정환 선생님은 어린이를 존중한다는 의미로 1921년 '어린이'라는 말을 공식화하고 1923년에는 어린이날을 만들었어요.

16일

내가 함부로 대하는 것을 다른 사람이 귀하게 여기려고 하지는 않을 거예요. 내가 가족들을 먼저 존중해야 남들도 똑같이 존중하고 친절하게 대하게 되지요.

我 아 敬 경 人 인 親 친
내가 다른 사람의 어버이를 공경하면

人 인 敬 경 我 아 親 친
다른 사람도 내 어버이를 공경해요.

한자와 뜻 알고 쓰기

| 我 나 아 | 敬 공경할 경 | 人 사람 인 | 親 어버이 친 |
| 人 사람 인 | 敬 공경할 경 | 我 나 아 | 親 어버이 친 |

| 我 나 아 | 敬 공경할 경 | 人 사람 인 | 親 어버이 친 |
| 人 사람 인 | 敬 공경할 경 | 我 나 아 | 親 어버이 친 |

오늘의 다짐

인사 잘하기

인사는 내가 상대방을 존중한다는 것을 표현하는 가장 기본적인 행동이에요. 웃는 모습으로 서로 인사하면 호의적인 마음을 드러낼 수 있어요.

소리 내어 따라 쓰기

| 아 | 경 | 인 | 친 | | 인 | 경 | 아 | 친 |

내가 다른 사람의 어버이를 공경하면   다른 사람도 내 어버이를 공경해요.

| 아 | 경 | 인 | 친 | | 인 | 경 | 아 | 친 |

내가 다른 사람의 어버이를 공경하면   다른 사람도 내 어버이를 공경해요.

| 아 | 경 | 인 | 친 | | 인 | 경 | 아 | 친 |

내가 다른 사람의 어버이를 공경하면   다른 사람도 내 어버이를 공경해요.

외워서 혼자 쓰기

내가 다른 사람의 어버이를 공경하면   다른 사람도 내 어버이를 공경해요.

내가 다른 사람의 어버이를 공경하면   다른 사람도 내 어버이를 공경해요.

내가 다른 사람의 어버이를 공경하면   다른 사람도 내 어버이를 공경해요.

빈칸 채워 쓰며 마무리

| 아 | | 인 | 친 | | 인 | | 아 | 친 |

내가 다른 사람의 어버이를   다른 사람도 내 어버이를

꼬막 상식

어버이날에 카네이션을 주는 이유

미국에는 어버이날과 비슷한 어머니날이 있는데, 이날에 카네이션을 선물한 데서 유래했어요. 붉은 카네이션은 '건강을 비는 사랑', '존경'의 의미를 담고 있지요. 돌아가신 어버이를 위해서는 흰 카네이션을 준비하기도 해요.

> 유튜브 낭독을 듣고 따라 읽으며 써요.

년 월 일

16일

賓[빈] 客[객] 來[래] 訪[방]

손님이 찾아오시면

接[접] 待[대] 必[필] 誠[성]

반드시 정성껏 접대해요.

우리 집을 찾아온 손님은 여러분을 보고 싶은 마음으로 기꺼이 오셨을 거예요. 그러니 여러분도 그 마음에 보답하듯 정성껏 대접해 보세요.

한자와 뜻 알고 쓰기

| 賓 손빈 | 客 손객 | 來 올래 | 訪 찾을 방 |
| 接 사귈 접 | 待 기다릴 대 | 必 반드시 필 | 誠 정성 성 |

| 賓 손빈 | 客 손객 | 來 올래 | 訪 찾을 방 |
| 接 사귈 접 | 待 기다릴 대 | 必 반드시 필 | 誠 정성 성 |

오늘 다짐

손님에게 예절 갖추기
우리 집에 손님이 오시면 집을 어지른다거나 시끄럽게 하지 않으면 좋을 거예요. 손님이 편하게 있다가 가실 수 있게 배려하는 것이지요.

유튜브 낭독을 듣고 따라 읽으며 써요.

소리 내어 따라 쓰기

| 빈 | 객 | 래 | 방 | | 접 | 대 | 필 | 성 |

손님이 찾아오시면   반드시 정성껏 접대해요.

| 빈 | 객 | 래 | 방 | | 접 | 대 | 필 | 성 |

손님이 찾아오시면   반드시 정성껏 접대해요.

| 빈 | 객 | 래 | 방 | | 접 | 대 | 필 | 성 |

손님이 찾아오시면   반드시 정성껏 접대해요.

외워서 혼자 쓰기

손님이 찾아오시면   반드시 정성껏 접대해요.

손님이 찾아오시면   반드시 정성껏 접대해요.

손님이 찾아오시면   반드시 정성껏 접대해요.

빈칸 채워 쓰며 마무리

| 빈 | 객 | 래 | | | | 필 | 성 |

손님이   오시면   반드시 정성껏   해요.

'손님은 왕'이라는 말

호텔을 운영했던 스위스인 세자르 리츠라는 사람이 한 말이에요. 호텔 직원들은 손님을 최우선으로 서비스해야 한다는 뜻이지요. 하지만 지금은 서비스를 받는 손님과 서비스하는 직원이 똑같이 서로 존중하는 방향으로 나아가고 있어요.

년 월 일

17일

친구는 내가 기뻐하는 일, 힘들거나 슬픈 일 등 마음속 솔직한 이야기들을 나눌 수 있는 존재예요. 사람이라면 누구에게나 꼭 필요한 관계이지요.

人_인 之_지 在_재 世_세

사람이 세상에 있으면서 ......

不_불 可_가 無_무 友_우

친구가 없을 수 없어요. ......

한자와 뜻
알고 쓰기

| 人 사람 인 | 之 갈 지 | 在 있을 재 | 世 세상 세 |
| 不 아닐 불 | 可 옳을 가 | 無 없을 무 | 友 벗 우 |

| 人 사람 인 | 之 갈 지 | 在 있을 재 | 世 세상 세 |
| 不 아닐 불 | 可 옳을 가 | 無 없을 무 | 友 벗 우 |

오늘 다짐

비밀 지켜 주기

친구가 비밀이라면서 여러분에게 마음속 이야기를 털어놓을 때가 있어요. 그럴 때는 친구가 바라는 대로 비밀을 잘 지켜 줘요. 더욱 믿을 수 있는 좋은 친구가 될 거예요.

유튜브 낭독을 듣고 따라 읽으며 써요.

소리 내어 따라 쓰기

인 지 재 세   불 가 무 우
사람이 세상에 있으면서   친구가 없을 수 없어요.

인 지 재 세   불 가 무 우
사람이 세상에 있으면서   친구가 없을 수 없어요.

인 지 재 세   불 가 무 우
사람이 세상에 있으면서   친구가 없을 수 없어요.

외워서 혼자 쓰기

사람이 세상에 있으면서   친구가 없을 수 없어요.

사람이 세상에 있으면서   친구가 없을 수 없어요.

사람이 세상에 있으면서   친구가 없을 수 없어요.

빈칸 채워 쓰며 마무리

인 지 　 세   불 가 무
사람이 세상에 　 　 　 　 가 없을 수 없어요.

꼬막 상식

우리 역사 속 유명한 친구
조선 시대에 살았던 오성과 한음은 5살이나 차이가 났지만, 돈독한 우정을 나눈 것으로 유명해요.
지혜를 모아 임진왜란 때 나라를 구할 방법을 찾고, 정치적인 혼란 속에서도 서로 배신하지 않고 꿋꿋하게 우정을 지켰지요.

년 월 일

17일

友 우 其 기 正 정 人 인
그 바른 사람을 벗하면

我 아 亦 역 自 자 正 정
나도 저절로 바르게 돼요.

우리는 살아가면서 가까이 있는 사람들에게 많은 것을 본받고, 배우고, 따라 하기도 해요. 그러니 주변에 바른 사람이 있으면 나도 따라 저절로 바르게 행동하게 된다는 뜻이에요.

한자와 뜻 알고 쓰기

| 友 벗 우 | 其 그 기 | 正 바를 정 | 人 사람 인 |
| 我 나 아 | 亦 또 역 | 自 스스로 자 | 正 바를 정 |

| 友 벗 우 | 其 그 기 | 正 바를 정 | 人 사람 인 |
| 我 나 아 | 亦 또 역 | 自 스스로 자 | 正 바를 정 |

오늘 다짐

사람들의 좋은 점 배우기

주변에서 좋은 일을 하는 사람들을 보거나 책에서 위인을 만나는 일이 있어요. 감동받거나 멋있다고 생각했다면 여러분도 그 사람들을 따라 해 보세요. 똑같이 멋진 사람이 되지 않을까요?

유튜브 낭독을 듣고 따라 읽으며 써요.

소리 내어 따라 쓰기

우 기 정 인 아 역 자 정
그 바른 사람을 벗하면   나도 저절로 바르게 돼요.

우 기 정 인 아 역 자 정
그 바른 사람을 벗하면   나도 저절로 바르게 돼요.

우 기 정 인 아 역 자 정
그 바른 사람을 벗하면   나도 저절로 바르게 돼요.

외워서 혼자 쓰기

그 바른 사람을 벗하면   나도 저절로 바르게 돼요.

그 바른 사람을 벗하면   나도 저절로 바르게 돼요.

그 바른 사람을 벗하면   나도 저절로 바르게 돼요.

빈칸 채워 쓰며 마무리

우 기   인   아 역 자
그   사람을 벗하면   나도 저절로   돼요.

  꼬 막 상 식

친구 따라 강남 간다
친구가 강남에 가니까 나는 갈 생각이 별로 없었지만 그대로 따라간다는 뜻의 속담이에요. 그만큼 친구나 가까운 사람들을 보고 배우거나 따라 하기 쉽다는 뜻이지요.

18일

近근 墨묵 者자 黑흑
먹을 가까이하는 사람은 검어지고

近근 朱주 者자 赤적
주사를 가까이하는 사람은 붉게 돼요.

먹은 붓글씨를 쓰는 검은 물감이고, 주사는 붉은 색깔을 낼 때나 약재로 쓰이는 광물이에요. 이것들을 가까이 두면 자연스레 검거나 붉어진다는 뜻으로, 사람도 주변 환경이 어떠냐에 따라 변하기 쉽다는 거예요.

한자와 뜻 알고 쓰기

| 近 가까울 근 | 墨 먹 묵 | 者 사람 자 | 黑 검을 흑 |
| 近 가까울 근 | 朱 붉을 주 | 者 사람 자 | 赤 붉을 적 |

| 近 가까울 근 | 墨 먹 묵 | 者 사람 자 | 黑 검을 흑 |
| 近 가까울 근 | 朱 붉을 주 | 者 사람 자 | 赤 붉을 적 |

오늘의 다짐

다양한 친구 만나기
나랑 비슷한 게 많은 친구를 사귀면 재밌어요. 하지만 때로는 나랑 성격과 취향이 다른 친구를 만나는 것도 재밌어요. 내가 잘 몰랐던 새로운 사람들의 모습이나 이야기도 알게 되니까요.

소리 내어 따라 쓰기

| 근 | 묵 | 자 | 흑 | | 근 | 주 | 자 | 적 |

먹을 가까이하는 사람은 검어지고   주사를 가까이하는 사람은 붉게 돼요.

| 근 | 묵 | 자 | 흑 | | 근 | 주 | 자 | 적 |

먹을 가까이하는 사람은 검어지고   주사를 가까이하는 사람은 붉게 돼요.

| 근 | 묵 | 자 | 흑 | | 근 | 주 | 자 | 적 |

먹을 가까이하는 사람은 검어지고   주사를 가까이하는 사람은 붉게 돼요.

외워서 혼자 쓰기

먹을 가까이하는 사람은 검어지고   주사를 가까이하는 사람은 붉게 돼요.

먹을 가까이하는 사람은 검어지고   주사를 가까이하는 사람은 붉게 돼요.

먹을 가까이하는 사람은 검어지고   주사를 가까이하는 사람은 붉게 돼요.

빈칸 채워 쓰며 마무리

| 근 | 묵 | 자 | | 근 | 주 | 자 |

먹을 가까이하는 사람은 ▢▢▢   주사를 가까이하는 사람은 ▢▢ 돼요.

꼬막 상식

'유유상종'이라는 사자성어

'유유상종(類類相從)'은 같은 무리끼리 서로 따르고 좇는다는 뜻이에요. 비슷한 성격이나 좋아하는 것이 같은 사람끼리 잘 어울리고 가까이 사귀게 되기 쉽다는 것이지요.

18일

居거 必필 擇택 鄰린
살 때는 반드시 이웃을 가리고

就취 必필 有유 德덕
나아갈 때는 반드시 덕 있는 사람에게 가요.

이웃을 가리고, 덕 있는 사람에게 가라는 말은 본받을 수 있는 사람, 좋은 영향을 줄 수 있는 환경을 골라서 찾아가라는 뜻이에요. 나를 둘러싼 환경의 중요함을 일깨우지요.

한자와 뜻 알고 쓰기

| 居 살 거 | 必 반드시 필 | 擇 가릴 택 | 鄰 이웃 린 |
| 就 나아갈 취 | 必 반드시 필 | 有 있을 유 | 德 덕 덕 |

| 居 살 거 | 必 반드시 필 | 擇 가릴 택 | 鄰 이웃 린 |
| 就 나아갈 취 | 必 반드시 필 | 有 있을 유 | 德 덕 덕 |

오늘의 다짐

나쁜 행동은 따라 하지 않기

친구가 누군가에게 욕을 하거나 나에게 올바르지 않은 행동을 같이하자고 할 때는 따르지 않는 용기도 필요해요.

유튜브 낭독을 듣고 따라 읽으며 써요.

소리 내어 따라 쓰기

| 거 | 필 | 택 | 린 | | 취 | 필 | 유 | 덕 |

살 때는 반드시 이웃을 가리고　　　나아갈 때는 반드시 덕 있는 사람에게 가요.

| 거 | 필 | 택 | 린 | | 취 | 필 | 유 | 덕 |

살 때는 반드시 이웃을 가리고　　　나아갈 때는 반드시 덕 있는 사람에게 가요.

| 거 | 필 | 택 | 린 | | 취 | 필 | 유 | 덕 |

살 때는 반드시 이웃을 가리고　　　나아갈 때는 반드시 덕 있는 사람에게 가요.

외워서 혼자 쓰기

살 때는 반드시 이웃을 가리고　　　나아갈 때는 반드시 덕 있는 사람에게 가요.

살 때는 반드시 이웃을 가리고　　　나아갈 때는 반드시 덕 있는 사람에게 가요.

살 때는 반드시 이웃을 가리고　　　나아갈 때는 반드시 덕 있는 사람에게 가요.

빈칸 채워 쓰며 마무리

| 거 | 필 | 택 | | | 취 | 필 | 유 | |

살 때는 반드시 ___을 가리고　　　나아갈 때는 반드시 ___ 있는 사람에게 가요.

 **꼬막 상식**

살 거(居)를 사용하는 단어
어딘가에 자리를 잡고 사는 것을 뜻하는 '거처', 지금 살고 있는 장소를 뜻하는 '거주지' 등이 있어요.

19일

친구는 늘 존중하고 배려해야 해요. 하지만 친구가 옳지 못한 행동을 할 때는 충고를 해 주는 게 좋아요. 조금 불편할 수 있어도 그게 친구를 진정으로 생각하는 일일 테니까요.

朋붕 友우 有유 過과

친구에게 잘못이 있으면

忠충 告고 善선 導도

충고해서 착하게 이끌어요.

한자와 뜻
알고 쓰기

朋	友	有	過
벗 붕	벗 우	있을 유	잘못 과
忠	告	善	導
충성 충	알릴 고	착할 선	이끌 도

朋	友	有	過
벗 붕	벗 우	있을 유	잘못 과
忠	告	善	導
충성 충	알릴 고	착할 선	이끌 도

오늘의 다짐

어른에게 도와달라고 말하기
여러분이 해결하지 못하는 어려운 일은 혼자 끙끙대지 말고 부모님이나 선생님처럼 믿을 수 있는 어른에게 말해요. 어른들은 여러분을 꼭 도와주실 거예요.

유튜브 낭독을 듣고 따라 읽으며 써요.

소리 내어 따라 쓰기

붕 우 유 과   충 고 선 도
친구에게 잘못이 있으면   충고해서 착하게 이끌어요.

붕 우 유 과   충 고 선 도
친구에게 잘못이 있으면   충고해서 착하게 이끌어요.

붕 우 유 과   충 고 선 도
친구에게 잘못이 있으면   충고해서 착하게 이끌어요.

외워서 혼자 쓰기

친구에게 잘못이 있으면   충고해서 착하게 이끌어요.

친구에게 잘못이 있으면   충고해서 착하게 이끌어요.

친구에게 잘못이 있으면   충고해서 착하게 이끌어요.

빈칸 채워 쓰며 마무리

붕 우 유 　 충 고 　 도
친구에게 　 　 이 있으면   충고해서 　 　 이끌어요.

 **꼬막 상식**

친구와 관련된 고사성어
'죽마고우(竹馬故友)'는 대나무 말을 타고 놀던 친구라는 뜻이에요. 어릴 때부터 가까이 지내며 자란 친한 친구를 말하지요.

19일

人_인 無_무 責_책 友_우
사람이 꾸짖어 주는 친구가 없으면

易_이 陷_함 不_불 義_의
의롭지 못한 데 빠지기 쉬워요.

바르지 못한 행동을 하는 사람에게 아무도 말을 해 주지 않으면 그 행동이 계속될 거예요. 좋은 친구라면 그것을 제대로 알리고 친구가 자신을 되돌아볼 수 있도록 도와주어야 해요.

한자와 뜻 알고 쓰기

| 人 사람 인 | 無 없을 무 | 責 꾸짖을 책 | 友 벗 우 |
| 易 쉬울 이 | 陷 빠질 함 | 不 아닐 불 | 義 옳을 의 |

| 人 사람 인 | 無 없을 무 | 責 꾸짖을 책 | 友 벗 우 |
| 易 쉬울 이 | 陷 빠질 함 | 不 아닐 불 | 義 옳을 의 |

오늘 다짐

친구가 없는 데서 흉보지 않기
내가 없는 곳에서 누군가 내 흉을 본다면 기분이 좋을 사람은 아마 없을 거예요. 만일 친구에게 속상한 일이 있었다면 솔직하게 터놓고 이야기를 해 주는 게 더 좋겠지요?

유튜브 낭독을 듣고 따라 읽으며 써요.

소리 내어 따라 쓰기

| 인 | 무 | 책 | 우 | | 이 | 함 | 불 | 의 |

사람이 꾸짖어 주는 친구가 없으면

의롭지 못한 데 빠지기 쉬워요.

| 인 | 무 | 책 | 우 | | 이 | 함 | 불 | 의 |

사람이 꾸짖어 주는 친구가 없으면

의롭지 못한 데 빠지기 쉬워요.

| 인 | 무 | 책 | 우 | | 이 | 함 | 불 | 의 |

사람이 꾸짖어 주는 친구가 없으면

의롭지 못한 데 빠지기 쉬워요.

외워서 혼자 쓰기

사람이 꾸짖어 주는 친구가 없으면

의롭지 못한 데 빠지기 쉬워요.

사람이 꾸짖어 주는 친구가 없으면

의롭지 못한 데 빠지기 쉬워요.

사람이 꾸짖어 주는 친구가 없으면

의롭지 못한 데 빠지기 쉬워요.

빈칸 채워 쓰며 마무리

| 인 | 무 | | 우 | | 이 | | 불 | 의 |

사람이 ☐ ☐ 주는 친구가 없으면   의롭지 못한 데 ☐ ☐ 쉬워요.

 **꼬막 상식**

친구와 관련된 또 다른 고사성어

'막역지우(莫逆之友)'는 서로 거스르지 않는 친구라는 뜻이에요. 마음이 잘 맞아서 정말 편한 친구를 말해요.
'지란지교(芝蘭之交)'는 지초와 난초의 사귐이라는 뜻으로, 역시 맑고 고귀한 친구 사이를 말해요.

20일

言언而이不불信신
말을 하는데 미덥지 못하면

非비直직之지友우
정직한 친구가 아니에요.

거짓말하거나 일부러 잘못된 사실을 자주 말하는 친구가 있다면, 처음에는 그 말을 믿을지는 몰라도 나중에는 믿지 않을 거예요. 좋은 친구 사이라면 항상 진실을 담아 이야기해야 해요.

한자와 뜻 알고 쓰기

| 言 말씀 언 | 而 말 이을 이 | 不 아닐 불 | 信 믿을 신 |
| 非 아닐 비 | 直 곧을 직 | 之 갈 지 | 友 벗 우 |

| 言 말씀 언 | 而 말 이을 이 | 不 아닐 불 | 信 믿을 신 |
| 非 아닐 비 | 直 곧을 직 | 之 갈 지 | 友 벗 우 |

오늘 다짐

진실로 이야기하기
잘못을 감추기 위해, 돋보이기 위해 거짓말을 할 때가 있어요. 그렇지만 거짓말하고 나면 마음이 편하지 않아요. 잘못이 있다면 인정하고, 내 모습 있는 그대로 진실로 말하는 게 마음이 훨씬 편하답니다.

유튜브 낭독을 듣고 따라 읽으며 써요.

소리 내어 따라 쓰기

| 언 | 이 | 불 | 신 |
말을 하는데 미덥지 못하면

| 비 | 직 | 지 | 우 |
정직한 친구가 아니에요.

| 언 | 이 | 불 | 신 |
말을 하는데 미덥지 못하면

| 비 | 직 | 지 | 우 |
정직한 친구가 아니에요.

| 언 | 이 | 불 | 신 |
말을 하는데 미덥지 못하면

| 비 | 직 | 지 | 우 |
정직한 친구가 아니에요.

외워서 혼자 쓰기

말을 하는데 미덥지 못하면

정직한 친구가 아니에요.

말을 하는데 미덥지 못하면

정직한 친구가 아니에요.

말을 하는데 미덥지 못하면

정직한 친구가 아니에요.

빈칸 채워 쓰며 마무리

| | 이 | 불 | 신 | | 비 | | 지 | 우 |

___을 하는데 미덥지 못하면   ___ ___ 친구가 아니에요.

꼬막상식

사람이 거짓말하는 횟수

미국의 한 심리학자의 연구에 따르면 사람은 하루에 200번 정도나 거짓말을 한다고 해요.
사람들은 예의 있게 행동하고 다른 사람을 배려하기 위해서 거짓말을 하기도 해요. 이런 걸 '하얀 거짓말'이라고도 하지요.

년 월 일

20일

우리는 스승에게도 배우지만 스스로 배울 수도 있어요. 착하고 정의로운 일을 보면 감명을 받아 따르고, 내가 잘못을 했을 때는 다음에는 그러지 않겠다고 다짐하는 것처럼요.

見 견 善 선 從 종 之 지

착한 것을 보면 그것을 따르고

知 지 過 과 必 필 改 개

잘못을 알면 반드시 고쳐요.

한자와 뜻 알고 쓰기

| 見 볼 견 | 善 착할 선 | 從 좇을 종 | 之 갈 지 |
| 知 알 지 | 過 허물 과 | 必 반드시 필 | 改 고칠 개 |

| 見 볼 견 | 善 착할 선 | 從 좇을 종 | 之 갈 지 |
| 知 알 지 | 過 허물 과 | 必 반드시 필 | 改 고칠 개 |

오늘의 다짐

실수에서 배우기
사람은 누구나 실수를 해요. 실수했다고 해서 계속 기분 나빠할 필요는 없어요. 왜 실수했는지 되돌아보면 다음 번에는 같은 실수를 하지 않을 수 있거든요. 실수에서 큰 공부를 하는 셈이에요.

유튜브 낭독을 듣고 따라 읽으며 써요.

소리 내어 따라 쓰기

견	선	종	지

착한 것을 보면 그것을 따르고

지	과	필	개

잘못을 알면 반드시 고쳐요.

견	선	종	지

착한 것을 보면 그것을 따르고

지	과	필	개

잘못을 알면 반드시 고쳐요.

견	선	종	지

착한 것을 보면 그것을 따르고

지	과	필	개

잘못을 알면 반드시 고쳐요.

외워서 혼자 쓰기

착한 것을 보면 그것을 따르고

잘못을 알면 반드시 고쳐요.

착한 것을 보면 그것을 따르고

잘못을 알면 반드시 고쳐요.

착한 것을 보면 그것을 따르고

잘못을 알면 반드시 고쳐요.

빈칸 채워 쓰며 마무리

견		종	지

과	필	개

☐ ☐ 것을 보면 그것을 따르고

잘못을 ☐ ☐ 반드시 고쳐요.

꼬막 상식

실수와 관련된 속담

'소 잃고 외양간 고친다'라는 속담은 미리 대비하지 않고 있다가 큰일이 생긴 다음 후회한다는 뜻이에요.
이번에는 소를 잃었지만 다음에는 미리 대비하는 지혜를 기른다면 실수에서 큰 배움을 얻을 수도 있겠지요?

4장 낭독 영상

이번 장에서는 소중한 나를 스스로
예쁘고 바르게 가꾸는 법을 배워요.
세상에 단 하나뿐인 내 몸과 마음, 정신을 평생
아름답게 지키는 여러 가지 방법을 알아봐요.

1 오늘 쓸 내용을 낭독 영상으로 들어요.

2 한자와 뜻을 또박또박 따라 써요.

3 내가 직접 낭독하고 뿌듯해 스티커를 붙여요.

사자소학

4장

나 자신을 바르게
가꾸는 방법 편

21~30일 차

년 월 일

21일

足 족 容 용 必 필 重 중

발의 용모는 반드시 무겁게 하고

手 수 容 용 必 필 恭 공

손의 용모는 반드시 공손하게 해요.

계단 등에서는 넘어지지 않게 급하게 뛰지 않도록 해요. 차가 다니는 길에서는 더 조심하고요. 인사할 때는 손을 모으듯 가지런히 두면 공손한 마음을 드러낼 수 있어요.

한자와 뜻
알고 쓰기

足	容	必	重
발 족	얼굴 용	반드시 필	무거울 중
手	容	必	恭
손 수	얼굴 용	반드시 필	공손할 공

足	容	必	重
발 족	얼굴 용	반드시 필	무거울 중
手	容	必	恭
손 수	얼굴 용	반드시 필	공손할 공

오늘 다짐

손 잘 씻고 로션 바르기

공부하고 컴퓨터하고 밥 먹을 때도 손의 역할이 꼭 필요해요. 손을 깨끗이 잘 씻고, 거칠어지지 않게 로션도 발라 언제나 부드럽고 예쁘게 해 주세요.

소리 내어 따라 쓰기

족	용	필	중

수	용	필	공

발의 용모는 반드시 무겁게 하고   손의 용모는 반드시 공손하게 해요.

족	용	필	중

수	용	필	공

발의 용모는 반드시 무겁게 하고   손의 용모는 반드시 공손하게 해요.

족	용	필	중

수	용	필	공

발의 용모는 반드시 무겁게 하고   손의 용모는 반드시 공손하게 해요.

외워서 혼자 쓰기

발의 용모는 반드시 무겁게 하고   손의 용모는 반드시 공손하게 해요.

발의 용모는 반드시 무겁게 하고   손의 용모는 반드시 공손하게 해요.

발의 용모는 반드시 무겁게 하고   손의 용모는 반드시 공손하게 해요.

빈칸 채워 쓰며 마무리

	용	필	중

	용	필	공

___의 용모는 반드시 무겁게 하고   ___의 용모는 반드시 공손하게 해요.

꼬막 상식
어린이는 손톱이 빨리 자란다
어린이는 어른과 달리 몸이 계속 자라나요. 그래서 손톱도 어른보다 더 빨리 자라요. 손톱은 아기였을 때 가장 빨리 자라다가 30세가 넘어가면 자라는 속도가 점점 느려진답니다.

년 월 일

21일

무언가를 배우거나 이야기를 들을 때 눈을 반짝이며 집중하면 좋겠지요? 입을 듬직이 하라는 것도 말을 잠시 멈추고 집중하라는 뜻일 거예요.

目 목 容 용 必 필 端 단

눈의 용모는 반드시 단정히 하고

口 구 容 용 必 필 止 지

입의 용모는 반드시 듬직이 해요.

한자와 뜻 **알고 쓰기**

| 目 눈 목 | 容 얼굴 용 | 必 반드시 필 | 端 바를 단 |
| 口 입 구 | 容 얼굴 용 | 必 반드시 필 | 止 그칠 지 |

| 目 눈 목 | 容 얼굴 용 | 必 반드시 필 | 端 바를 단 |
| 口 입 구 | 容 얼굴 용 | 必 반드시 필 | 止 그칠 지 |

오늘 다짐

다른 사람의 이야기 잘 듣기
다른 사람이 이야기할 때는 그 사람을 쳐다보면서 집중해서 들어요. 그래야 내용을 놓치지 않고 한 번에 잘 이해할 수 있으니까요.

유튜브 낭독을 듣고 따라 읽으며 써요.

소리 내어 따라 쓰기

| 목 | 용 | 필 | 단 | | 구 | 용 | 필 | 지 |

눈의 용모는 반드시 단정히 하고   입의 용모는 반드시 듬직이 해요.

| 목 | 용 | 필 | 단 | | 구 | 용 | 필 | 지 |

눈의 용모는 반드시 단정히 하고   입의 용모는 반드시 듬직이 해요.

| 목 | 용 | 필 | 단 | | 구 | 용 | 필 | 지 |

눈의 용모는 반드시 단정히 하고   입의 용모는 반드시 듬직이 해요.

외워서 혼자 쓰기

눈의 용모는 반드시 단정히 하고   입의 용모는 반드시 듬직이 해요.

눈의 용모는 반드시 단정히 하고   입의 용모는 반드시 듬직이 해요.

눈의 용모는 반드시 단정히 하고   입의 용모는 반드시 듬직이 해요.

빈칸 채워 쓰며 마무리

| | 용 | 필 | 단 | | | 용 | 필 | 지 |

□ 의 용모는 반드시 단정히 하고   □ 의 용모는 반드시 듬직이 해요.

 **꼬막 상식**

눈이 좋아지는 방법
텔레비전이나 스마트폰을 가까이 오래 보면 눈이 피곤해지고 시력이 나빠져요. 되도록 멀리 보고, 30분에 한 번씩은 하늘 등 먼 곳을 보도록 해요. 방은 항상 밝게 하는 게 좋아요. 손바닥으로 열을 내어 눈을 자주 감싸 주는 것도 도움이 되지요.

년 월 일

22일

聲 성 容 용 必 필 靜 정
소리의 용모는 반드시 조용하게 하고

頭 두 容 용 必 필 直 직
머리의 용모는 반드시 곧게 해요.

소리 내어 말할 때는 목소리를 적당하게, 급하지 않게 차근차근 말하는 게 내 이야기를 전달하기 좋아요. 또 머리를 숙이지 않고 다른 사람의 눈을 바로 보는 자세가 자신감 있어 보여요.

한자와 뜻 알고 쓰기

| 聲 소리 성 | 容 얼굴 용 | 必 반드시 필 | 靜 고요할 정 |
| 頭 머리 두 | 容 얼굴 용 | 必 반드시 필 | 直 곧을 직 |

| 聲 소리 성 | 容 얼굴 용 | 必 반드시 필 | 靜 고요할 정 |
| 頭 머리 두 | 容 얼굴 용 | 必 반드시 필 | 直 곧을 직 |

오늘의 다짐

화날 때는 기다렸다 말하기
화가 너무 많이 나면 목소리가 커지고 마음이 급해서 하고 싶은 말을 잘 전달할 수 없어요. 숨을 크게 쉬고 마음과 생각을 정리해서 말해야 다른 사람이 잘 알아들을 수 있을 거예요.

유튜브 낭독을 듣고 따라 읽으며 써요.

소리 내어 따라 쓰기

| 성 | 용 | 필 | 정 | | 두 | 용 | 필 | 직 |

소리의 용모는 반드시 조용하게 하고   머리의 용모는 반드시 곧게 해요.

| 성 | 용 | 필 | 정 | | 두 | 용 | 필 | 직 |

소리의 용모는 반드시 조용하게 하고   머리의 용모는 반드시 곧게 해요.

| 성 | 용 | 필 | 정 | | 두 | 용 | 필 | 직 |

소리의 용모는 반드시 조용하게 하고   머리의 용모는 반드시 곧게 해요.

외워서 혼자 쓰기

소리의 용모는 반드시 조용하게 하고   머리의 용모는 반드시 곧게 해요.

소리의 용모는 반드시 조용하게 하고   머리의 용모는 반드시 곧게 해요.

소리의 용모는 반드시 조용하게 하고   머리의 용모는 반드시 곧게 해요.

빈칸 채워 쓰며 마무리

| | 용 | 필 | 정 | | | 용 | 필 | 직 |

___ 의 용모는 반드시 조용하게 하고   ___ 의 용모는 반드시 곧게 해요.

꼬막 상식
발음이 좋아지는 연습
다음 문장을 빠르고 정확하게 읽어 봐요. 발음이 좋아지는 데 도움이 될 거예요.
"작은 토끼 토끼 통 옆에는 큰 토끼 토끼 통이 있고, 큰 토끼 토끼 통 옆에는 작은 토끼 토끼 통이 있다."

년   월   일

22일

숨이 차고 가쁘면 마음도 불안해요. 가만히 있을 때는 숨을 천천히 깊이 쉬어 마음을 편하게 해요. 서 있을 때는 어깨와 허리를 펴고 바르게 서야 키도 커 보이도 멋지답니다.

氣 기 容 용 必 필 肅 숙

숨 쉬는 용모는 반드시 엄숙히 하고

立 립 容 용 必 필 德 덕

서 있는 용모는 반드시 덕이 있게 해요.

한자와 뜻 알고 쓰기

| 氣 기운 기 | 容 얼굴 용 | 必 반드시 필 | 肅 엄숙할 숙 |
| 立 설 립 | 容 얼굴 용 | 必 반드시 필 | 德 덕 덕 |

| 氣 기운 기 | 容 얼굴 용 | 必 반드시 필 | 肅 엄숙할 숙 |
| 立 설 립 | 容 얼굴 용 | 必 반드시 필 | 德 덕 덕 |

오늘의 다짐

매일 체조하기

책상에 앉거나 스마트폰을 하느라 고개를 숙이고 어깨와 허리를 구부리고 오랜 시간을 보내나요? 하루에 30분 정도는 목과 어깨, 허리를 쭉 펼 수 있는 체조를 해요. 몸이 바르게 되고, 키가 크는 데 도움이 될 거예요.

소리 내어 따라 쓰기

기 용 필 숙   립 용 필 덕
숨 쉬는 용모는 반드시 엄숙히 하고   서 있는 용모는 반드시 덕이 있게 해요.

기 용 필 숙   립 용 필 덕
숨 쉬는 용모는 반드시 엄숙히 하고   서 있는 용모는 반드시 덕이 있게 해요.

기 용 필 숙   립 용 필 덕
숨 쉬는 용모는 반드시 엄숙히 하고   서 있는 용모는 반드시 덕이 있게 해요.

외워서 혼자 쓰기

숨 쉬는 용모는 반드시 엄숙히 하고   서 있는 용모는 반드시 덕이 있게 해요.

숨 쉬는 용모는 반드시 엄숙히 하고   서 있는 용모는 반드시 덕이 있게 해요.

숨 쉬는 용모는 반드시 엄숙히 하고   서 있는 용모는 반드시 덕이 있게 해요.

빈칸 채워 쓰며 마무리

용 필 숙   용 필 덕
용모는 반드시 엄숙히 하고   용모는 반드시 덕이 있게 해요.

꼬막 상식

복식 호흡 배우기
복식 호흡은 배로 숨 쉬는 것을 말해요. 숨을 깊이 쉬게 해서 건강에 도움을 주고 마음도 편하게 만들지요.
① 누워서 배에 손을 올려요. ② 배가 볼록 나오도록 코로 숨을 깊게 들이마셔요. ③ 그런 다음 배가 들어가듯 천천히 숨을 내쉬어요. 자주 연습해 보세요.

23일

色색 容용 必필 莊장
얼굴의 용모는 반드시 씩씩하게 할 것이니
是시 曰왈 九구 容용
이것을 말해서 구용이라고 해요.

'웃는 얼굴에 침 못 뱉는다'라는 속담이 있어요. 밝고 활기찬 얼굴을 보면 누구나 좋아한다는 것이지요. 여기까지 배운 것처럼 아홉 가지 바른 몸가짐을 '구용'이라고 부른답니다.

한자와 뜻
알고 쓰기

| 色 빛 색 | 容 얼굴 용 | 必 반드시 필 | 莊 씩씩할 장 |
| 是 이 시 | 曰 말하기를 왈 | 九 아홉 구 | 容 얼굴 용 |

| 色 빛 색 | 容 얼굴 용 | 必 반드시 필 | 莊 씩씩할 장 |
| 是 이 시 | 曰 말하기를 왈 | 九 아홉 구 | 容 얼굴 용 |

오늘 다짐
밝게 웃기
재밌거나 신나는 일이 있으면 활짝 웃어요. 찌푸린 얼굴보다 밝게 미소 짓는 모습이 훨씬 더 예뻐요. 자주 웃으면 기분도 덩달아 좋아지지요.

유튜브 낭독을 듣고 따라 읽으며 써요.

소리 내어 따라 쓰기

색	용	필	장

시	왈	구	용

얼굴의 용모는 반드시 씩씩하게 할 것이니   이것을 말해서 구용이라고 해요.

색	용	필	장

시	왈	구	용

얼굴의 용모는 반드시 씩씩하게 할 것이니   이것을 말해서 구용이라고 해요.

색	용	필	장

시	왈	구	용

얼굴의 용모는 반드시 씩씩하게 할 것이니   이것을 말해서 구용이라고 해요.

외워서 혼자 쓰기

얼굴의 용모는 반드시 씩씩하게 할 것이니   이것을 말해서 구용이라고 해요.

얼굴의 용모는 반드시 씩씩하게 할 것이니   이것을 말해서 구용이라고 해요.

얼굴의 용모는 반드시 씩씩하게 할 것이니   이것을 말해서 구용이라고 해요.

빈칸 채워 쓰며 마무리

색	용	필	

시	왈		용

얼굴의 용모는 반드시 ☐ ☐ 할 것이니   이것을 말해서 ☐ 용이라고 해요.

 **꼬막 상식**

공자 왈 맹자 왈

여기서 왈(曰)은 '말하기를', '가로되'라는 뜻이에요. 그래서 '공자가 말하길 맹자가 말하길'이라고 해석해요. 공자와 맹자 같은 옛 중국의 사상가처럼 이상적인 말을 하는 사람에게 현실적이지 못하다며 비꼬는 상황에도 쓰지요.

23일

視必思明

볼 때에는 반드시 밝게 볼 것을 생각하며

聽必思聰

들을 때에는 반드시 밝게 들을 것을 생각해요.

보고 들을 때 다른 것을 생각하거나 다른 일을 하면 생각이 흐트러져서 정확히 이해하기가 힘들어요. 중요한 일을 할 때는 한 가지씩 집중해서 하도록 해요.

한자와 뜻 알고 쓰기

| 視 볼 시 | 必 반드시 필 | 思 생각할 사 | 明 밝을 명 |
| 聽 들을 청 | 必 반드시 필 | 思 생각할 사 | 聰 귀 밝을 총 |

| 視 볼 시 | 必 반드시 필 | 思 생각할 사 | 明 밝을 명 |
| 聽 들을 청 | 必 반드시 필 | 思 생각할 사 | 聰 귀 밝을 총 |

오늘의 다짐

매일 일기 쓰기

일기는 매일 내가 본 것, 들은 것, 느낀 것들을 잊지 않게 기록하는 거예요. 많이 쌓인 뒤 다시 보면 내가 그동안 무엇을 배우고 어떻게 변했는지 알 수 있어요. 일기를 어른이 될 때까지 모으면 뜻깊은 보물이 될 거예요.

소리 내어 따라 쓰기

| 시 | 필 | 사 | 명 | | 청 | 필 | 사 | 총 |

볼 때에는 반드시 밝게 볼 것을 생각하며   들을 때에는 반드시 밝게 들을 것을 생각해요.

| 시 | 필 | 사 | 명 | | 청 | 필 | 사 | 총 |

볼 때에는 반드시 밝게 볼 것을 생각하며   들을 때에는 반드시 밝게 들을 것을 생각해요.

| 시 | 필 | 사 | 명 | | 청 | 필 | 사 | 총 |

볼 때에는 반드시 밝게 볼 것을 생각하며   들을 때에는 반드시 밝게 들을 것을 생각해요.

외워서 혼자 쓰기

볼 때에는 반드시 밝게 볼 것을 생각하며   들을 때에는 반드시 밝게 들을 것을 생각해요.

볼 때에는 반드시 밝게 볼 것을 생각하며   들을 때에는 반드시 밝게 들을 것을 생각해요.

볼 때에는 반드시 밝게 볼 것을 생각하며   들을 때에는 반드시 밝게 들을 것을 생각해요.

빈칸 채워 쓰며 마무리

| 필 | 사 | 명 | | 필 | 사 | 총 |

때에는 반드시 밝게 볼 것을 생각하며   때에는 반드시 밝게 들을 것을 생각해요.

꼬막 상식

귀가 크면 소리가 잘 들릴까?

사막여우 같은 경우는 귀가 크고 쫑긋해서 소리를 더 잘 들어요. 또 큰 귀로 몸의 열을 바깥으로 내보내서 더운 곳에서도 살 수 있다고 해요. 하지만 사람의 귀 크기는 청력과는 큰 상관이 없다고 해요.

년 월 일

24일

무언가를 배우고 사람들과 소통하기 위해서는 온화하고 공손한 자세가 중요해요. 그런 자세가 마음의 벽을 없애서 많은 배움이 여러분 안으로 쉽게 스며들 수 있기 때문이지요.

色 색 必 필 思 사 溫 온

얼굴빛은 반드시 온화하게 할 것을 생각하며

貌 모 必 필 思 사 恭 공

용모는 반드시 공손하게 할 것을 생각해요.

한자와 뜻 **알고 쓰기**

色	必	思	溫
빛 색	반드시 필	생각할 사	따뜻할 온
貌	必	思	恭
얼굴 모	반드시 필	생각할 사	공손할 공

色	必	思	溫
빛 색	반드시 필	생각할 사	따뜻할 온
貌	必	思	恭
얼굴 모	반드시 필	생각할 사	공손할 공

오늘 다짐

아는 것도 다시 보기

'이 정도쯤은 알아.' 하면서 대충 공부하고 넘어갈 때가 있어요. 누군가 물었을 때 직접 정확하게 설명할 줄 알아야 진짜 안다고 할 수 있어요. 그런 실력이 될 때까지 공손한 자세로 공부해 봐요.

유튜브 낭독을 듣고 따라 읽으며 써요.

소리 내어 따라 쓰기

색 필 사 온   모 필 사 공
얼굴빛은 반드시 온화하게 할 것을 생각하며   용모는 반드시 공손하게 할 것을 생각해요.

색 필 사 온   모 필 사 공
얼굴빛은 반드시 온화하게 할 것을 생각하며   용모는 반드시 공손하게 할 것을 생각해요.

색 필 사 온   모 필 사 공
얼굴빛은 반드시 온화하게 할 것을 생각하며   용모는 반드시 공손하게 할 것을 생각해요.

외워서 혼자 쓰기

얼굴빛은 반드시 온화하게 할 것을 생각하며   용모는 반드시 공손하게 할 것을 생각해요.

얼굴빛은 반드시 온화하게 할 것을 생각하며   용모는 반드시 공손하게 할 것을 생각해요.

얼굴빛은 반드시 온화하게 할 것을 생각하며   용모는 반드시 공손하게 할 것을 생각해요.

빈칸 채워 쓰며 마무리

필 사 온   필 사 공
____ 은 반드시 온화하게 할 것을 생각하며   ____ 는 반드시 공손하게 할 것을 생각해요.

얼굴은 왜 빨개질까?

부끄럽거나 좋아하는 사람 앞에 가면 얼굴이 빨개져요. 왜 그럴까요? 사람은 놀라거나 흥분하면 심장이 빨리 뛰면서 혈압이 높아지게 돼요. 그러면서 얼굴에도 피가 몰리기 때문에 얼굴이 빨갛게 보이는 것이랍니다.

24일

言言(언) 必(필) 思(사) 忠(충)
말은 반드시 정성스럽게 할 것을 생각하고

事(사) 必(필) 思(사) 敬(경)
일은 반드시 공손하게 할 것을 생각해요.

'말 한마디로 천 냥 빚을 갚는다'라는 속담처럼 정성스럽고 고운 말은 대단한 가치를 지닐 수 있어요. 또 무슨 일을 할 때에도 정성과 노력을 다하면 좋은 결과와 보람으로 돌아오지요.

한자와 뜻 알고 쓰기

| 言 말씀 언 | 必 반드시 필 | 思 생각할 사 | 忠 정성스러울 충 |
| 事 일 사 | 必 반드시 필 | 思 생각할 사 | 敬 공경할 경 |

| 言 말씀 언 | 必 반드시 필 | 思 생각할 사 | 忠 정성스러울 충 |
| 事 일 사 | 必 반드시 필 | 思 생각할 사 | 敬 공경할 경 |

오늘의 다짐

긍정적으로 생각하기

컵에 물이 반 정도 차 있어요. 물이 겨우 반밖에 없는 걸까요? 물이 반씩이나 많은 걸까요? 같은 일도 어떻게 생각하냐에 따라 완전히 다르게 보여요. 기운차고 즐겁게 지내려면 긍정적인 생각이 더 도움이 될 거예요!

유튜브 낭독을 듣고 따라 읽으며 써요.

소리 내어 따라 쓰기

언	필	사	충

사	필	사	경

말은 반드시 정성스럽게 할 것을 생각하고   일은 반드시 공손하게 할 것을 생각해요.

언	필	사	충

사	필	사	경

말은 반드시 정성스럽게 할 것을 생각하고   일은 반드시 공손하게 할 것을 생각해요.

언	필	사	충

사	필	사	경

말은 반드시 정성스럽게 할 것을 생각하고   일은 반드시 공손하게 할 것을 생각해요.

외워서 혼자 쓰기

말은 반드시 정성스럽게 할 것을 생각하고   일은 반드시 공손하게 할 것을 생각해요.

말은 반드시 정성스럽게 할 것을 생각하고   일은 반드시 공손하게 할 것을 생각해요.

말은 반드시 정성스럽게 할 것을 생각하고   일은 반드시 공손하게 할 것을 생각해요.

빈칸 채워 쓰며 마무리

	필	사	충

	필	사	경

은 반드시 정성스럽게 할 것을 생각하고   은 반드시 공손하게 할 것을 생각해요.

꼬박상식

말과 관련된 속담

옛사람들은 말의 중요성을 늘 생각했어요. '낮말은 새가 듣고, 밤말은 쥐가 듣는다(항상 말조심하라는 뜻)', '호랑이도 제 말하면 온다(없는 데서 남을 흉보지 말라는 뜻)', '입이 열 개라도 할 말이 없다(변명할 여지가 없다)' 등 말과 관련된 속담이 이밖에도 아주 많아요.

25일

疑 의 必 필 思 사 問 문

의심나는 것은 반드시 물을 것을 생각하며

忿 분 必 필 思 사 難 난

분노가 일어나면 반드시 후환을 생각해요.

궁금하거나 질문이 있으면 망설이지 말고 물어보는 게 좋은 방법이에요. 짜증이 난다고 버럭 화를 내 버리면 다른 사람들이 놀랄 수 있어요. 내가 행동할 때 그 결과도 미리 생각하면 좋지요.

한자와 뜻 알고 쓰기

| 疑 의심할 의 | 必 반드시 필 | 思 생각할 사 | 問 물을 문 |
| 忿 성낼 분 | 必 반드시 필 | 思 생각할 사 | 難 어려울 난 |

| 疑 의심할 의 | 必 반드시 필 | 思 생각할 사 | 問 물을 문 |
| 忿 성낼 분 | 必 반드시 필 | 思 생각할 사 | 難 어려울 난 |

오늘 다짐

행동의 결과 생각하기

짜증이 나면 나도 모르게 버럭 소리를 지를 수 있어요. 그러면 어떤 결과가 따라올까요? 별로 좋은 일이 생기지는 않았을 거예요. 결과를 먼저 생각해 보면 좀 더 현명하게 행동할 수 있겠지요?

유튜브 낭독을 듣고 따라 읽으며 써요.

소리 내어 따라 쓰기

| 의 | 필 | 사 | 문 |
의심나는 것은 반드시 물을 것을 생각하며

| 분 | 필 | 사 | 난 |
분노가 일어나면 반드시 후환을 생각해요.

| 의 | 필 | 사 | 문 |
의심나는 것은 반드시 물을 것을 생각하며

| 분 | 필 | 사 | 난 |
분노가 일어나면 반드시 후환을 생각해요.

| 의 | 필 | 사 | 문 |
의심나는 것은 반드시 물을 것을 생각하며

| 분 | 필 | 사 | 난 |
분노가 일어나면 반드시 후환을 생각해요.

외워서 혼자 쓰기

의심나는 것은 반드시 물을 것을 생각하며

분노가 일어나면 반드시 후환을 생각해요.

의심나는 것은 반드시 물을 것을 생각하며

분노가 일어나면 반드시 후환을 생각해요.

의심나는 것은 반드시 물을 것을 생각하며

분노가 일어나면 반드시 후환을 생각해요.

빈칸 채워 쓰며 마무리

| 필 | 사 | 문 | | 필 | 사 | 난 |

□ 것은 반드시 물을 것을 생각하며   □ 가 일어나면 반드시 후환을 생각해요.

옛이야기와 권선징악

권선징악(勸善懲惡)은 착한 행동을 권하고 나쁜 행동은 벌한다는 뜻이에요. 《흥부와 놀부》, 《콩쥐팥쥐》 등 많은 옛이야기에서는 주인공들이 착하게 행동하고, 그 결과로 결국 행복해지는 권선징악의 내용을 공통적으로 담고 있어요.

25일

見 견 得 득 思 사 義 의
얻을 것을 보면 의를 생각해야 하니

是 시 曰 왈 九 구 思 사
이것을 말해서 구사라고 해요.

길에서 큰돈을 봤다면 내가 갖는 게 이익이 될지는 몰라도 옳은 일은 아닐 거예요. 주인을 찾아 주는 게 '의(義)'에 맞는 행동이겠지요? 지금까지 배운 것처럼 아홉 가지 올바른 생각을 '구사'라고 불러요.

한자와 뜻 알고 쓰기

| 見 볼 견 | 得 얻을 득 | 思 생각할 사 | 義 옳을 의 |
| 是 이 시 | 曰 말하기를 왈 | 九 아홉 구 | 思 생각할 사 |

| 見 볼 견 | 得 얻을 득 | 思 생각할 사 | 義 옳을 의 |
| 是 이 시 | 曰 말하기를 왈 | 九 아홉 구 | 思 생각할 사 |

오늘 다짐

양심에 따라 행동하기
'양심'은 옳고 그름을 판단하는 마음을 뜻해요. 누가 가르쳐 주지 않아도 이미 여러분 마음이 알고 있지요. 양심에 맞추어 바르게 행동하면 언제나 당당하게 지낼 수 있답니다.

유튜브 낭독을 듣고 따라 읽으며 써요.

소리 내어 따라 쓰기

| 견 | 득 | 사 | 의 | | 시 | 왈 | 구 | 사 |

얻을 것을 보면 의를 생각해야 하니   이것을 말해서 구사라고 해요.

| 견 | 득 | 사 | 의 | | 시 | 왈 | 구 | 사 |

얻을 것을 보면 의를 생각해야 하니   이것을 말해서 구사라고 해요.

| 견 | 득 | 사 | 의 | | 시 | 왈 | 구 | 사 |

얻을 것을 보면 의를 생각해야 하니   이것을 말해서 구사라고 해요.

외워서 혼자 쓰기

얻을 것을 보면 의를 생각해야 하니   이것을 말해서 구사라고 해요.

얻을 것을 보면 의를 생각해야 하니   이것을 말해서 구사라고 해요.

얻을 것을 보면 의를 생각해야 하니   이것을 말해서 구사라고 해요.

빈칸 채워 쓰며 마무리

| 견 | | 사 | 의 | | 시 | 왈 | | |

___ 을 보면 의를 생각해야 하니   이것을 말해서 ___ 라고 해요.

돈으로 살 수 없는 것

철학자 마이클 샌델은 돈이 중요해진 세상에서 돈으로 살 수 없는 것들을 이야기했어요. 여러분이 스스로 공부하는 과정을 돈으로 살 수 있을까요? 맑은 하늘을 볼 때 느낌을 돈으로 살 수 있을까요? 이밖에도 돈으로 살 수 없는 소중한 것들이 세상에는 참 많아요.

년 월 일

26일

'예(禮)'는 사람이 지켜야 할 마땅한 도리를 뜻해요. 도리에 맞지 않고 악한 것은 아예 가까이하려고도 말고 자신의 몸과 마음을 갈고닦으라는 말이에요.

非(비) 禮(례) 勿(물) 視(시)

예가 아니면 보지 말며

非(비) 禮(례) 勿(물) 聽(청)

예가 아니면 듣지 말아요.

한자와 뜻 알고 쓰기

非	禮	勿	視
아닐 비	예도 례	말 물	볼 시
非	禮	勿	聽
아닐 비	예도 례	말 물	들을 청
非	禮	勿	視
아닐 비	예도 례	말 물	볼 시
非	禮	勿	聽
아닐 비	예도 례	말 물	들을 청

오늘의 다짐

예술 작품 감상하기

아름다운 것을 자주 보고 들으면 여러분의 마음결도 고와져요. 멋진 그림, 아름다운 음악, 지혜로운 글 등 예술 작품을 가까이해 봐요.

유튜브 낭독을 듣고 따라 읽으며 써요.

소리 내어 따라 쓰기

| 비 | 례 | 물 | 시 | | 비 | 례 | 물 | 청 |

예가 아니면 보지 말며 예가 아니면 듣지 말아요.

| 비 | 례 | 물 | 시 | | 비 | 례 | 물 | 청 |

예가 아니면 보지 말며 예가 아니면 듣지 말아요.

| 비 | 례 | 물 | 시 | | 비 | 례 | 물 | 청 |

예가 아니면 보지 말며 예가 아니면 듣지 말아요.

외워서 혼자 쓰기

예가 아니면 보지 말며 예가 아니면 듣지 말아요.

예가 아니면 보지 말며 예가 아니면 듣지 말아요.

예가 아니면 보지 말며 예가 아니면 듣지 말아요.

빈칸 채워 쓰며 마무리

| 비 | | 물 | 시 | | 비 | | 물 | 청 |

☐ 가 아니면 보지 말며 ☐ 가 아니면 듣지 말아요.

 **꼬막 상식**

세상에서 가장 아름다운 풍경

《대지》를 쓴 미국의 소설가 펄 벅은 1960년 우리나라에 방문했어요. 그녀는 어느 농부랑 소가 들 무거운 짐을 함께 나누어 들고 가는 것을 보고 세상에서 가장 아름다운 풍경이라고 말했지요. 여러분에게 세상에서 가장 아름다운 풍경은 무엇인가요?

26일

非비禮례勿물言언
예가 아니면 말하지 말며

非비禮례勿물動동
예가 아니면 움직이지 말아요.

'예(禮)'를 실천하는 또 다른 방법을 말하고 있어요. 보고 듣는 것뿐 아니라 올바른 도리에 따라 말하고 행동하는 것으로도 자신을 갈고닦으라는 뜻이지요.

한자와 뜻 알고 쓰기

| 非 아닐 비 | 禮 예도 례 | 勿 말 물 | 言 말씀 언 |
| 非 아닐 비 | 禮 예도 례 | 勿 말 물 | 動 움직일 동 |

| 非 아닐 비 | 禮 예도 례 | 勿 말 물 | 言 말씀 언 |
| 非 아닐 비 | 禮 예도 례 | 勿 말 물 | 動 움직일 동 |

오늘 다짐

고운 말 쓰기
욕하거나 남에게 상처 주는 말을 했다면, 먼저 여러분 마음이 좋지 않았다는 뜻일 거예요. 왜 그런 말을 했는지 내 마음을 잘 살펴보세요. 마음이 다시 여유롭고 좋아지면 입에서 나오는 말도 고와져요.

유튜브 낭독을 듣고 따라 읽으며 써요.

소리 내어 따라 쓰기

| 비 | 례 | 물 | 언 |

예가 아니면 말하지 말며

| 비 | 례 | 물 | 동 |

예가 아니면 움직이지 말아요.

| 비 | 례 | 물 | 언 |

예가 아니면 말하지 말며

| 비 | 례 | 물 | 동 |

예가 아니면 움직이지 말아요.

| 비 | 례 | 물 | 언 |

예가 아니면 말하지 말며

| 비 | 례 | 물 | 동 |

예가 아니면 움직이지 말아요.

외워서 혼자 쓰기

예가 아니면 말하지 말며

예가 아니면 움직이지 말아요.

예가 아니면 말하지 말며

예가 아니면 움직이지 말아요.

예가 아니면 말하지 말며

예가 아니면 움직이지 말아요.

빈칸 채워 쓰며 마무리

| 비 | 례 | 물 |

예가 아니면 　　　　 말며

| 비 | 례 | 물 |

예가 아니면 　　　　 말아요.

욕하는 게 왜 나쁠까?
욕은 당장에 화를 풀려고 툭 내뱉는 말이에요. 잠깐 속은 시원할지 몰라도 자꾸 그렇게 풀면 우리 머리에서 문제를 근본적으로 해결하려는 능력이 떨어지게 돼요. 욕보다 화난 이유를 정확하게 표현하고 해결하려고 노력하면 머리가 더 똑똑해질 거예요.

27일

행동과 말은 여러분을 다른 사람에게 드러내고 소통하는 가장 중요한 부분이에요. 늘 바르고 성실하다면 다른 사람도 나를 믿고, 나 역시 스스로를 믿고 좋아하게 될 거예요.

년 월 일

行 행 **必** 필 **正** 정 **直** 직

행동은 반드시 바르고 곧게 하고

言 언 **則** 즉 **信** 신 **實** 실

말은 미덥고 성실하게 해요.

한자와 뜻 알고 쓰기

| 行 행할 행 | 必 반드시 필 | 正 바를 정 | 直 곧을 직 |
| 言 말씀 언 | 則 곧 즉 | 信 믿을 신 | 實 열매 실 |

| 行 행할 행 | 必 반드시 필 | 正 바를 정 | 直 곧을 직 |
| 言 말씀 언 | 則 곧 즉 | 信 믿을 신 | 實 열매 실 |

오늘 다짐

나와의 약속 지키기

오늘 공부를 몇 시간 하겠다고 다짐했다면 나와의 그 약속을 꼭 지켜요. 약속을 어기면 나를 믿을 수 없게 되지만, 약속을 언제나 지키면 나를 믿을 수 있고 멋진 사람으로 생각하게 될 테니까요.

유튜브 낭독을 듣고 따라 읽으며 써요.

소리 내어 따라 쓰기

| 행 | 필 | 정 | 직 |

행동은 반드시 바르고 곧게 하고

| 언 | 즉 | 신 | 실 |

말은 미덥고 성실하게 해요.

| 행 | 필 | 정 | 직 |

행동은 반드시 바르고 곧게 하고

| 언 | 즉 | 신 | 실 |

말은 미덥고 성실하게 해요.

| 행 | 필 | 정 | 직 |

행동은 반드시 바르고 곧게 하고

| 언 | 즉 | 신 | 실 |

말은 미덥고 성실하게 해요.

외워서 혼자 쓰기

행동은 반드시 바르고 곧게 하고

말은 미덥고 성실하게 해요.

행동은 반드시 바르고 곧게 하고

말은 미덥고 성실하게 해요.

행동은 반드시 바르고 곧게 하고

말은 미덥고 성실하게 해요.

빈칸 채워 쓰며 마무리

| | 필 | 정 | 직 |

□ 은 반드시 바르고 곧게 하고

| | 즉 | 신 | 실 |

□ 은 미덥고 성실하게 해요.

꼬막 상식

왜 성실해야 할까?

미국의 정치가 벤저민 프랭클린은 '정직과 성실만큼 그대를 돕는 것은 없다'라고 했어요. 어려운 환경에서도 포기하지 않고 원하는 일을 꾸준히 해 나간 덕분에 그는 결국 온 국민이 신뢰하는 지도자가 되었지요. 이처럼 이루고자 하는 일이 한 번에 되지는 않아요. 그래서 오랜 시간 노력을 들이는 성실함이 아주 중요하지요.

년 월 일

27일

容容貌모端단正정

용모는 단정하게 하고

衣의冠관整정齊제

의관은 바르고 가지런하게 해요.

머리가 언제나 헝클어져 있고, 옷도 더럽다면 그 모습을 매일 바라보는 여러분의 마음도 가지런하지 못할 거예요. 그래서 내 몸을 깨끗하고 단정하게 하는 게 중요해요.

한자와 뜻 알고 쓰기

容	貌	端	正
얼굴 용	얼굴 모	바를 단	바를 정
衣	冠	整	齊
옷 의	갓 관	가지런할 정	가지런할 제

容	貌	端	正
얼굴 용	얼굴 모	바를 단	바를 정
衣	冠	整	齊
옷 의	갓 관	가지런할 정	가지런할 제

오늘 다짐

신발 예쁘게 신기
신발을 구겨 신거나 질질 끌며 걷는 경우가 있어요. 보기에도 예쁘지 않고 자세에도 좋지 않아요. 바로 신고, 바르게 걸을 때 여러분이 가장 멋진 모습이 된답니다.

유튜브 낭독을 듣고 따라 읽으며 써요.

소리 내어 따라 쓰기

용 모 단 정
용모는 단정하게 하고

의 관 정 제
의관은 바르고 가지런하게 해요.

용 모 단 정
용모는 단정하게 하고

의 관 정 제
의관은 바르고 가지런하게 해요.

용 모 단 정
용모는 단정하게 하고

의 관 정 제
의관은 바르고 가지런하게 해요.

외워서 혼자 쓰기

용모는 단정하게 하고

의관은 바르고 가지런하게 해요.

용모는 단정하게 하고

의관은 바르고 가지런하게 해요.

용모는 단정하게 하고

의관은 바르고 가지런하게 해요.

빈칸 채워 쓰며 마무리

단 정

정 제

는 단정하게 하고

은 바르고 가지런하게 해요.

꼬막상식

의관이 뭘까?
의관(衣冠)은 남자의 웃옷과 머리에 쓰는 갓을 말해요. 옛날에 밖에 나가기 위해 정식으로 갖추어 입는 차림새였지요. 오늘날 여러분이 학교에 가거나 외출할 때 단정하게 차려 입는 옷차림과 비슷하다고 생각하면 돼요.

28일

居거 處처 必필 恭공
거처할 때에는 반드시 공손히 하고

步보 履리 安안 詳상
걸음걸이는 편안하고 침착히 해요.

'거처(居處)' 머무는 곳이라는 뜻으로 집이라고 생각하면 돼요. 요즘에는 아파트 등 공동 주택에서 많이 살지요. 집에 있을 때도 너무 시끄럽게 하지 않는 게 옆집 사람들을 배려하는 행동일 거예요.

한자와 뜻 알고 쓰기

| 居 살 거 | 處 살 처 | 必 반드시 필 | 恭 공손할 공 |
| 步 걸음 보 | 履 신 리 | 安 편안할 안 | 詳 자세할 상 |

| 居 살 거 | 處 살 처 | 必 반드시 필 | 恭 공손할 공 |
| 步 걸음 보 | 履 신 리 | 安 편안할 안 | 詳 자세할 상 |

오늘의 다짐

공공장소 예절 지키기
사람이 많이 모이는 대중교통, 식당, 마트에서는 조용히 하거나 다른 사람에게 길을 터 주는 등 공공 예절을 지켜요. 조금씩 양보하면 사람들이 많이 모여 복잡한 곳에서도 기분 좋게 시간을 보낼 수 있어요.

유튜브 낭독을 듣고 따라 읽으며 써요.

소리 내어 따라 쓰기

| 거 | 처 | 필 | 공 | | 보 | 리 | 안 | 상 |

거처할 때에는 반드시 공손히 하고   걸음걸이는 편안하고 침착히 해요.

| 거 | 처 | 필 | 공 | | 보 | 리 | 안 | 상 |

거처할 때에는 반드시 공손히 하고   걸음걸이는 편안하고 침착히 해요.

| 거 | 처 | 필 | 공 | | 보 | 리 | 안 | 상 |

거처할 때에는 반드시 공손히 하고   걸음걸이는 편안하고 침착히 해요.

외워서 혼자 쓰기

거처할 때에는 반드시 공손히 하고   걸음걸이는 편안하고 침착히 해요.

거처할 때에는 반드시 공손히 하고   걸음걸이는 편안하고 침착히 해요.

거처할 때에는 반드시 공손히 하고   걸음걸이는 편안하고 침착히 해요.

빈칸 채워 쓰며 마무리

| 거 | 처 | 필 | | 보 | 리 | | 상 |

거처할 때에는 반드시 ⬜⬜ 하고   걸음걸이는 ⬜⬜⬜ 침착히 해요.

꼬막 상식

바르게 걷고 있을까?

걸으며 발을 내디딜 때는 발뒤꿈치부터 땅에 닿고, 맨 마지막으로 엄지발가락이 닿아야 해요. 발 모양은 11자가 되도록 해요. 허리는 곧게 펴고 아랫배에는 힘이 들어가게 하고요. 여러분이 이렇게 걷고 있다면 바르게 잘 걷고 있는 거예요.

28일

여러분이 만들기를 한다면 무작정 시작하기보다 무엇을, 어떤 모양으로 만들지, 어떤 재료를 쓸지 미리 계획해요. 그래야 생각한 대로 작품을 만들 수 있게 되니까요. 또 말을 할 때는 그 말에 맞는 행동과 실천도 할 수 있어야 여러분의 말에 힘이 생겨요.

作_작 事_사 謀_모 始_시
일을 할 때는 시작을 잘 계획하고

出_출 言_언 顧_고 行_행
말을 할 때는 행실을 돌아봐요.

한자와 뜻 **알고 쓰기**

| 作 지을 작 | 事 일 사 | 謀 꾀할 모 | 始 처음 시 |
| 出 날 출 | 言 말씀 언 | 顧 돌아볼 고 | 行 행할 행 |

| 作 지을 작 | 事 일 사 | 謀 꾀할 모 | 始 처음 시 |
| 出 날 출 | 言 말씀 언 | 顧 돌아볼 고 | 行 행할 행 |

오늘의 다짐

계획표 만들어 공부하기

일주일 동안 역사를 공부한다면, 어디까지 공부할지 조금씩 나누어 꼭 지킬 수 있는 계획을 짜요. 어느 날은 오래 공부하고 어느 날은 공부를 아예 하지 않는 것보다 매일 정해진 작은 목표를 지키면서 일주일이 지나면 계획한 공부가 더 잘 끝날 수 있어요.

유튜브 낭독을 듣고 따라 읽으며 써요.

소리 내어 따라 쓰기

작	사	모	시

일을 할 때는 시작을 잘 계획하고

출	언	고	행

말을 할 때는 행실을 돌아봐요.

작	사	모	시

일을 할 때는 시작을 잘 계획하고

출	언	고	행

말을 할 때는 행실을 돌아봐요.

작	사	모	시

일을 할 때는 시작을 잘 계획하고

출	언	고	행

말을 할 때는 행실을 돌아봐요.

외워서 혼자 쓰기

일을 할 때는 시작을 잘 계획하고

말을 할 때는 행실을 돌아봐요.

일을 할 때는 시작을 잘 계획하고

말을 할 때는 행실을 돌아봐요.

일을 할 때는 시작을 잘 계획하고

말을 할 때는 행실을 돌아봐요.

빈칸 채워 쓰며 마무리

작		모	시

출		고	행

　　　을 할 때에는 시작을 잘 계획하고　　　　　을 할 때는 행실을 돌아봐요.

꼬막 상식

행동보다 말이 쉽다는 속담

말은 하기 쉽지만 그대로 실천하는 것은 쉬운 일이 아니라는 영어 속담이에요. 말한대로 실천하지 못하는 사람과 말 그대로 끝내 실천해 내는 사람이 있다면 누구를 더 믿을 수 있을까요? 사람들은 실천한 사람의 말을 신뢰할 거예요.

29일

常상德덕固고持지
떳떳한 덕을 굳게 지키고

然연諾낙重중應응
승낙할 때는 신중히 대답해요.

친구가 여러분에게 무언가를 부탁할 때, 눈치 보거나 싫다고 말하지 못해서 들어주지는 않아도 돼요. 도와주고 싶은 마음이 들 때 여러분의 판단에 따라 행동하면 좋을 거예요.

한자와 뜻 알고 쓰기

| 常 항상 상 | 德 덕 덕 | 固 굳을 고 | 持 가질 지 |
| 然 그러할 연 | 諾 대답할 낙 | 重 무거울 중 | 應 응할 응 |

| 常 항상 상 | 德 덕 덕 | 固 굳을 고 | 持 가질 지 |
| 然 그러할 연 | 諾 대답할 낙 | 重 무거울 중 | 應 응할 응 |

오늘의 다짐

싫을 때는 싫다고 하기
다른 사람의 행동이 싫고 불편할 때는 싫다고 말할 줄도 알아야 해요. 그래야 다른 사람이 여러분의 생각을 알 수 있고, 그 행동을 멈출 수 있어요.

유튜브 낭독을 듣고 따라 읽으며 써요.

소리 내어 따라 쓰기

| 상 | 덕 | 고 | 지 |
떳떳한 덕을 굳게 지키고

| 연 | 낙 | 중 | 응 |
승낙할 때는 신중히 대답해요.

| 상 | 덕 | 고 | 지 |
떳떳한 덕을 굳게 지키고

| 연 | 낙 | 중 | 응 |
승낙할 때는 신중히 대답해요.

| 상 | 덕 | 고 | 지 |
떳떳한 덕을 굳게 지키고

| 연 | 낙 | 중 | 응 |
승낙할 때는 신중히 대답해요.

외워서 혼자 쓰기

떳떳한 덕을 굳게 지키고

승낙할 때는 신중히 대답해요.

떳떳한 덕을 굳게 지키고

승낙할 때는 신중히 대답해요.

떳떳한 덕을 굳게 지키고

승낙할 때는 신중히 대답해요.

빈칸 채워 쓰며 마무리

| 상 | 덕 | | 지 | | 연 | | 중 | 응 |

떳떳한 덕을 ____ 지키고

승낙할 때는 신중히 ____ .

꼬막 상식

자연의 한자 뜻?

'자연(自然)'은 스스로 자(自), 그러할 연(然)을 써요. 사람이 만든 것이 아니라 산, 강, 하늘 등 세상에 스스로 존재하고 있는 모든 것들을 말해요.

년 월 일

29일

飮_음 食_식 愼_신 節_절
먹고 마실 때는 삼가고 절제하고

言_언 語_어 恭_공 遜_손
언어를 공손히 해요.

피자가 맛있다고 혼자 한 판을 급히 다 먹는다면 배탈이 나기 쉬워요. 맛있고 좋은 음식도 적당히, 천천히 먹어야 몸에 좋아요. 말할 때도 필요한 말을 공손하게 하면 다른 사람이 듣기가 편할 거예요.

한자와 뜻 알고 쓰기

| 飮 마실 음 | 食 밥 식 | 愼 삼갈 신 | 節 제한할 절 |
| 言 말씀 언 | 語 말씀 어 | 恭 공손할 공 | 遜 겸손할 손 |

| 飮 마실 음 | 食 밥 식 | 愼 삼갈 신 | 節 제한할 절 |
| 言 말씀 언 | 語 말씀 어 | 恭 공손할 공 | 遜 겸손할 손 |

오늘의 다짐

음식 꼭꼭 씹어서 먹기
배고프다고 허겁지겁 먹으면 체하기 쉽고, 음식 맛을 잘 느끼기 어려워요. 식사할 때는 시간을 충분히 가지고 음식의 맛을 느끼면서 천천히 즐겁게 먹어요.

유튜브 낭독을 듣고 따라 읽으며 써요.

소리 내어 따라 쓰기

| 음 | 식 | 신 | 절 |

| 언 | 어 | 공 | 손 |

먹고 마실 때는 삼가고 절제하고

언어를 공손히 해요.

| 음 | 식 | 신 | 절 |

| 언 | 어 | 공 | 손 |

먹고 마실 때는 삼가고 절제하고

언어를 공손히 해요.

| 음 | 식 | 신 | 절 |

| 언 | 어 | 공 | 손 |

먹고 마실 때는 삼가고 절제하고

언어를 공손히 해요.

외워서 혼자 쓰기

먹고 마실 때는 삼가고 절제하고

언어를 공손히 해요.

먹고 마실 때는 삼가고 절제하고

언어를 공손히 해요.

먹고 마실 때는 삼가고 절제하고

언어를 공손히 해요.

빈칸 채워 쓰며 마무리

| | | 신 | 절 |

| 언 | 어 | | |

때는 삼가고 절제하고

언어를 　　　　해요.

꼬막 상식

칼로리 계산

'칼로리(Calorie)'는 음식에 들어 있는 열량이에요. 사람은 음식을 먹어서 이 열량을 얻고, 힘을 써서 매일 활동할 수 있어요.
10살 정도 어린이라면 하루에 음식으로 먹어야 할 열량은 1,700~1,900칼로리 정도예요.

30일

德덕 業업 相상 勸권
덕업은 서로 권하고 ....

過과 失실 相상 規규
과실은 서로 타일러요. ....

누군가 좋은 일을 하고 있다면, 나도 거기에 힘을 보태면 좋을 거예요. 반대로 누군가 나쁜 일을 했다면 잘 타일러서 앞으로는 그러지 않도록 도와주는 게 좋아요.

한자와 뜻 알고 쓰기

德 덕 덕	業 업 업	相 서로 상	勸 권할 권
過 허물 과	失 잃을 실	相 서로 상	規 바로잡을 규
德 덕 덕	業 업 업	相 서로 상	勸 권할 권
過 허물 과	失 잃을 실	相 서로 상	規 바로잡을 규

오늘 다짐
봉사 활동하기
기회가 된다면 다양한 봉사 활동을 해 봐요. 내 힘이 남들에게 조금이라도 도움이 된다면 좋은 일일뿐더러 내 마음도 매우 뿌듯하고 자랑스러워져요.

유튜브 낭독을 듣고 따라 읽으며 써요.

소리 내어 따라 쓰기

| 덕 | 업 | 상 | 권 | | 과 | 실 | 상 | 규 |

덕업은 서로 권하고　　　과실은 서로 타일러요.

| 덕 | 업 | 상 | 권 | | 과 | 실 | 상 | 규 |

덕업은 서로 권하고　　　과실은 서로 타일러요.

| 덕 | 업 | 상 | 권 | | 과 | 실 | 상 | 규 |

덕업은 서로 권하고　　　과실은 서로 타일러요.

외워서 혼자 쓰기

덕업은 서로 권하고　　　과실은 서로 타일러요.

덕업은 서로 권하고　　　과실은 서로 타일러요.

덕업은 서로 권하고　　　과실은 서로 타일러요.

빈칸 채워 쓰며 마무리

| 덕 | 업 | 상 | | 과 | 실 | 상 |

덕업은 서로 　　　　　　과실은 서로

꼬막 상식

왜 가격을 권장할까?

슈퍼에 가면 '권장(勸奬) 가격'이라고 적힌 제품을 볼 수 있어요. 이것은 제품을 만드는 공장에서 '이 정도 가격을 권합니다'라고 붙인 표시지요. 하지만 슈퍼에서는 현실에 맞게 조금 할인해서 가격을 다시 표시해요. 그래서 권장 가격과 실제 가격이 약간 차이가 나는 것이랍니다.

30일

己 기 所 소 不 불 欲 욕
자기가 하고 싶지 아니한 것을
勿 물 施 시 於 어 人 인
남에게 베풀지 말아요.

누군가 여러분을 흉보고 괴롭힌다면 정말 싫을 거예요. 그러니 그런 일을 내가 다른 사람에게 해서도 안 될 거예요. 내가 받아도 좋은 것만을 남에게 베풀도록 해요.

한자와 뜻 알고 쓰기

| 己 자기 기 | 所 바 소 | 不 아닐 불 | 欲 하고자 할 욕 |
| 勿 말 물 | 施 베풀 시 | 於 어조사 어 | 人 사람 인 |

| 己 자기 기 | 所 바 소 | 不 아닐 불 | 欲 하고자 할 욕 |
| 勿 말 물 | 施 베풀 시 | 於 어조사 어 | 人 사람 인 |

오늘 다짐

남의 물건도 소중히 여기기
내 물건은 아끼면서 남의 물건은 함부로 쓴다면 내가 싫어하는 일을 남에게 베푸는 셈이 돼요. 여러 사람이 함께 쓰는 공공장소의 시설도 오랫동안 편하게 쓸 수 있게 깨끗하게 이용하는 게 좋겠지요?

유튜브 낭독을 듣고 따라 읽으며 써요.

소리 내어 따라 쓰기

기 소 불 욕   물 시 어 인
자기가 하고 싶지 아니한 것을   남에게 베풀지 말아요.

기 소 불 욕   물 시 어 인
자기가 하고 싶지 아니한 것을   남에게 베풀지 말아요.

기 소 불 욕   물 시 어 인
자기가 하고 싶지 아니한 것을   남에게 베풀지 말아요.

외워서 혼자 쓰기

자기가 하고 싶지 아니한 것을   남에게 베풀지 말아요.

자기가 하고 싶지 아니한 것을   남에게 베풀지 말아요.

자기가 하고 싶지 아니한 것을   남에게 베풀지 말아요.

빈칸 채워 쓰며 마무리

소 불 욕   물   어 인
□ 하고 싶지 아니한 것을   남에게 □ 말아요.

 **꼬 막 상식**

함무라비 법전
고대 바빌로니아 함무라비 왕의 법전이에요. 남의 눈을 상하게 한 사람은 똑같이 눈을 상하게 하고, 남의 이를 상하게 하면 똑같이 이를 상하게 하는 무서운 벌을 주었지요. 내가 싫은 것은 남에게도 하지 말라는 교훈을 분명하게 알 수 있어요.

〈뿌듯해 3행시 초등 일기쓰기〉 시리즈

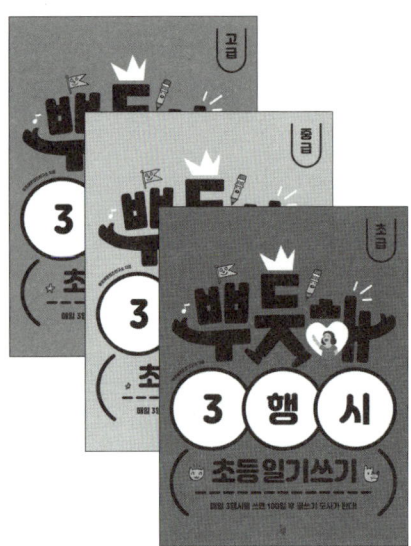

뿌듯해콘텐츠연구소 | 각 8,800원

매일 3행시를 쓰면, 100일 후 글쓰기 도사가 된다!

- 100일 후, 글쓰기 싫어하던 아이가 확 달라진다!
- 하루 1장, 스티커 1개로 부담 없이 성취감 100배 상승!
- 매주 '뿌듯해 백일장' 도전으로 승부욕 UP!
- 초급, 중급, 고급 중 나에게 맞는 단계로 편하게 시작!
  - 1~2학년은 초급으로 시작하기를 추천
  - 3~4학년은 중급으로 시작하기를 추천
  - 5~6학년은 고급으로 시작하기를 추천

〈뿌듯해 4자성어 초등 일기쓰기〉 시리즈

뿌듯해콘텐츠연구소 | 각 8,800원

매일 4자성어 4행시를 쓰면, 100일 후 글쓰기 도사가 된다!

- 100일 후, 글쓰기 싫어하던 아이가 확 달라진다!
- 하루 1장, 스티커 1개로 부담 없이 성취감 100배 상승!
- 매주 '뿌듯해 백일장' 도전으로 승부욕 UP!
- 초급, 중급, 고급 중 나에게 맞는 단계로 편하게 시작!
  - 3행시 일기쓰기를 한 권이라도 끝낸 후에 시작하기를 추천

뿌듯해 종이접기 시리즈

손을 쓰면 뇌가 발달하고 놀이를 하면 몸이 건강해져요!

영유아

장새롬(엇진롬) 지음 | 13,500원

초등

이시카와 마리코 지음 | 13,500원

초등

강준규 지음 | 13,500원

뿌듯해 쓰기 시리즈

**예비 초등과 초등 저학년을 위한
한 권으로 끝내는 숫자, 한글, 알파벳 쓰기!**

뿌듯애콘텐츠연구소 지음 | 10,000원

뿌듯애콘텐츠연구소 지음 | 10,000원

뿌듯애콘텐츠연구소 지음 | 10,000원

맘마미아 어린이 경제왕

대만, 중국 판권 수출

맘마미아 원저 | 이금희 글그림 | 10,500원

**만화로 쉽게! 평생 가는 용돈관리 실천법!
우리 아이 100세까지 돈 걱정 OUT!**

- 80만 열광 《맘마미아》 시리즈 만화판!
- 게임처럼 재미있고 만화처럼 쉽다!
  → 200원 행복재테크, 21일 비밀달력, 500원 강제저축 등
- 초등 교과서 완벽 연계!
  → 초등 교과서 집필진 감수 전격 참여

맘마미아 가계부 (매년 출간)

맘마미아 지음 | 12,000원

**80만 회원 감동 실천!
7년 연속 1등 국민 가계부!**

- 초간단 가계부
  → 하루 5분 영수증 금액만 쓰면 끝!
- 절약 효과 최고
  → 손으로 적는 동안 낭비 반성!
- 저축액 자동 증가
  → 푼돈목돈 모으는 10분 결산!

이름 :

....

위 어린이는 〈뿌듯해 사자소학〉을 빠짐없이 쓰고,
낭독하며 바른 자세와 마음을 갖추기 위해 끊임없이 노력하였기에
이 표창장을 드립니다.

년   월   일

뿌듯해콘텐츠연구소